藍學堂

學習·奇趣·輕鬆讀

元宇宙、AI、區塊鏈、雲端、大數據、5G、物聯網，
七大最新科技一本就搞懂！

2030
科技趨勢全解讀

金知賢 김지현————著　陳柏蓁、黃子玲————譯

目錄

| 前言 |

生活在被網路生態圈制約的
數位世界

　　回顧過去二十年產業變化造成的企業興衰，大致可用「科技巨擘領軍」這幾個字作結。以美國那斯達克（NASDAQ）掛牌上市的企業排名來看，蘋果（Apple）、亞馬遜（Amazon）、微軟（Microsoft）、Google 囊括前面名次，Facebook（於 2021 年 10 月 28 日更名為 Meta）、特斯拉（Tesla）、輝達（Nvidia）、Adobe、PayPal、網飛（Netflix）也都在前段班。在韓國，公司成立僅二十年的網路業者 Kakao❶ 與 Naver❷，二〇二一年六月市值分別排名第三與第四，超越擁有五十年歷史的老牌企業。現在全世界幾乎被網路生態圈（internet ecosystem）所制約，周遭充斥著網站與行動裝置，事物被數位網路填滿，網路早已不知不覺深入大家的日常生活。

　　新冠肺炎（COVID-19）疫情讓網路體驗擴大到各個年齡層，增加人們接觸網路的時間。上班族在家上班、學生在家上課，休息空檔在家追劇看影片，民眾居家休閒娛樂的時間變長。愈來愈多人利用網路從事各種活動，帶動相關網路技術、解決方案及商業機會變多。簡單來說，比起進 E-Mart

---

1　Kakao（카카오）是韓國的網路公司，業務廣泛，包含社群、娛樂、時尚、財務、投資、運輸、遊戲等。
2　Naver 是韓國最大的入口網站，為即時通訊平台 LINE 的母公司。

超市 ❸ 採買，民眾更常在 Market Kurly❹ 下單訂購食材；比起到住家附近的便利商店購買民生用品，民眾更常在 B Mart 網站下單；比起逛百貨公司購物，民眾更常瀏覽 Coupang❺ 網頁消費；比起親自到銀行臨櫃辦理金融業務，民眾更常使用手機裡的 Kakao Bank 網路銀行功能，結帳付費使用 Naver Pay 的頻率也比刷信用卡高。

大眾的日常生活習慣改變，業者跟著朝網路、線上發展，這個現象稱為數位轉型（digital transformation，DT）；產業以數位為主的創新則稱為第四次工業革命或工業 4.0。除了企業改變，社會、教育制度等各領域也開始以數位科技進行創新。以補習班為例，提供線上授課之外，班主任也以 KakaoTalk 即時通或 Google 文件（Google Docs）與學生家長分享資訊。數位網路現在已成為生活中不可或缺的基本要件。

如同處在文明社會必須具備數學、國語、生活與倫理等基本常識，要在充斥數位網路的世界生活，也應該要懂數位。本書可作為簡單認識數位科技的入門，了解數位科技對日常生活與工作環境帶來的改變。明白科技運作原理，就會更清楚什麼是數位科技，懂得該如何使用。

此外，本書對人工智慧（artificial intelligence，AI）、區塊鏈（blockchain）、雲端（cloud）、大數據（big data）、物聯網（IoT）、元宇宙（metaverse）等偏抽象的科技，都會舉實例說明科技對社會、世界、產業、企業造成的影響與應用，整理出人人都能輕易理解的科技常識。

讀者閱讀本書就像在看散文或隨筆，除了認識科技，還可預測數位世界對未來社會、就業可能造成的影響，擁有適應變化的基本能力。

感謝 Creta 出版社社長與編輯團隊，鼓勵我用育兒空檔提筆寫作。感謝

3　易買得（E-Mart）是韓國歷史最悠久、規模最大的折扣連鎖店。
4　Market Kurly 是二○一四年十二月在韓國成立的電商，主打生鮮產品，特色是能在清晨配送到府。
5　Coupang 是韓國最大零售電商，曾被《富比士》喻為「韓國亞馬遜」。

親愛的老婆扮演堅強後盾，隨時給予精神與物質上的協助，另外也要感謝家裡的寶貝——範俊（音譯），相信在你成長過程中會有更長的時間處於數位環境。

金知賢 OOjOO

｜第1章｜
改變日常生活的科技常識

有許多人用智慧型手機的鬧鈴聲開啟一天早晨，接著察看 KakaoTalk、Facebook、Instagram 的動態消息與留言，然後到門外把前一晚在 Market Kurly 下單，清晨已快速到貨的生鮮食材搬進屋。一邊準備上班，一邊用手機裡的 Naver 看看新聞、看看天氣，最後還要用 KakaoMap 查詢公車到站時間，這才正式出門上班。等待地鐵轉乘的空檔點開 Coupang，進入購物車用簡易支付完成下單，通勤的路上再看看 YouTube 影片解悶。這些事情若回到二十年前，必須分別操作鬧鐘、看報紙、去超市、看電視新聞、使用導航、拿取放置在地鐵站的免費報刊雜誌等，現在卻只要一支智慧型手機就能統統解決。

科技與生活密不可分，不但改變人類的生活方式，也帶動相關產業發生典範轉移（paradigm shift），且變化仍不斷持續。未來，科技依然會改變人類的日常生活與產業發展，跟不上變化的企業、個人恐被淘汰。電腦、智慧型手機、新興網路服務與科技改變這個世界。知道科技如何改變生活，哪些企業與服務帶來這些改變，他們的商業模式又是如何，才能對未來社會預作準備。

01 利用招募會員賺錢的入口網站

如果沒有入口網站 Naver 與 Kakao，我們的生活會如何？想像一下如果現在立刻將手機上這兩個 app 移除，生活會變得多不方便，自然就能得到答案。不過，這些入口網站的運作核心，其實也是依靠使用者，沒有使用者，網站就會停擺。因為網站上提供的多數服務是基於使用者上傳內容與留言回應，藉此衍生價值，如果沒了使用者，網站自然無法運作。這麼說來，入口網站是如何提供服務、又是如何讓業者賺錢呢？

入口網站到底如何運作？

二〇一四年Daum❻與Kakao合併，二〇一五年成立Daum Communications公司，與一九九五年成立的Naver一起推出入口網站（web portal）服務，陸續增加使用者需要的功能，扮演通往網際網路世界的大門。開電腦上網時，打開瀏覽器進入Naver或Daum，在上面收發電子郵件（email），有共同嗜好的網友利用討論區（café）交流資訊，也可在新聞頁面或部落格（blog）閱讀最新消息，許多事情都能在入口網站進行。不僅如此，有房地產需求的使用者可以在入口網站搜尋房屋資訊，有購車需求的使用者可搜尋汽車資訊，想投資、找美食、查地圖、安排旅遊行程等，幾乎所有資訊都可以在入口網站上查詢。入口網站提供的資訊與服務愈多，影響力就愈大。現代人如果沒

---

6. Daum 是韓國最大的入口網站之一，成立於一九九五年二月，曾開設韓國第一個電子郵件服務網站 Hanmail。

有入口網站，就像身在茫茫大海卻沒有羅盤，會在網際網路中失去方向。

　　其實這些入口網站必須有使用者的參與才能運作。不論電子郵件、討論區或部落格，沒有使用者發表文章或分享資訊，就跟少了內餡的包子一樣。如同 Instagram 沒有使用者上傳照片，YouTube 沒有使用者上傳影片，服務肯定無法持續。Naver News 也是因為有使用者對新聞內容按讚，用 KakaoTalk 轉傳分享內容、留言評論，才能成為其他使用者的有用資訊。

　　入口網站為了提供這些服務，必須持續掌握使用者需求，不斷進行改善，藉此開發新服務。這時，業者需要顧客資訊，且收集的種類與詳細程度超過一般人想像。例如：哪位使用者一天用過哪些服務幾次、在哪個頁面停留多久時間、最常閱讀何種主題等，業者利用這些資訊進行分析。分析資料前，還得先訂出資料測量標準、決定儲存位置、如何分析、定義分析目的等。這個過程稱為資料導向決策（DDDM，Data-Driven Decision Making）。公司規模與資金足以建立 DDDM 分析體系、建置系統的入口網站業者，就有機會持續發展，開發適合新時代的創新服務，持續在網路市場發揮影響。

科技速學

科技巨擘的力量

GAFA 是 Google、Apple、Facebook、Amazon 的字首縮寫，是美國最具代表性的四家科技企業，在韓國可以用 Naver、三星電子（Samsung Electronics）、Kakao、Coupang 做類似比喻。這些業者不論在美國或韓國，市值都排名前幾，企業身價非凡，在產業界舉足輕重，因此被稱為科技巨擘。

不能沒有使用者！入口網站的內幕

　　入口網站要維持服務，終究還是要有使用者參與。業者架設入口網站，除了要為使用者設想、考慮使用者需求，也希望以服務使用者來站穩地位。這麼理想的服務雖然無可挑剔，如果沒有適當的牽制與規範，就可能變成貪婪的工具。在全球有數億使用者的 Facebook 就是一例。二〇一六年美國總統大選前，與 Facebook 簽有合約的英國市調機構劍橋分析（Cambridge Analytica）在制定唐納・川普（Donald John Trump）的競選策略時，未經 Facebook 用戶同意，盜用五千萬名 Facebook 用戶個人資料，被質疑是川普競選團隊用來操弄選舉結果的幕後黑手。事件曝光引起各界譁然，加上 Facebook 的處理態度消極使爭議擴大，若干美國州政府甚至介入調查。

　　如前所述，入口網站、科技巨擘的服務因為使用者而存在，也因為使用者的參與讓服務得以持續，業者同時收集到龐大的個人資訊與數據資料，所以業者應只在與使用者約定的範圍內進行使用，並且避免外流，澈底做好資料管理。即便如此，只要輿論與社會監督稍有鬆懈，還是容易發生問題。因此，網路服務在取得一定用戶人數、度過成長期邁入穩定運作之後，業者會制定自律規範，確保事業順利運行。這種由企業、公民社會（civil society）、政府出面，為個人資料保護與社會發展定義原則、規範、規則的活動，就稱為網際網路治理（internet governance）。網路業者為了公平、公正的制定治理政策，延攬具有各種背景的專家擔任委員，並且對外公開政策，盡可能表現出公開與透明。若無法做到公開透明的網際網路治理，最後將被使用者唾棄，網路服務自然也無法運作下去。

KakaoTalk 供人免費下載要如何獲利？

　　這麼說來，入口網站的生意要如何賺錢？並非所有網路服務都保證成功，用戶人數一多，業者就必須觀察用戶的反應提供服務，且用戶人數增加，業者必須投入更多經費維持系統運作，因此入口網站的生意並不好賺。以免費使用的 KakaoTalk 為例，因為多數韓國民眾都有下載安裝，被稱為國民通訊軟體。KakaoTalk 讓簡訊型態更多樣化，可以是單純文字，也可以是圖片或視訊影像，民眾用 KakaoTalk 傳送的簡訊數量與內容品質，比直接用手機傳文字簡訊高出許多。但業者要提供這樣的服務，必須投入高額成本。因為民眾發出 KakaoTalk 簡訊後，內容會先存在 KakaoTalk 伺服器才對收件人傳送，加上系統還要判別簡訊內容是否已被讀取，並且將內容保存數個月之久，絕對需要規模龐大的儲存設備。這樣 KakaoTalk 到底如何賺錢？

　　KakaoTalk 主要有三種商業模式。第一，對使用者銷售表情貼圖。KakaoTalk 商店提供各式各樣貼圖，讓使用者更生動地傳遞情緒，但這些貼圖只有一部分可以免費下載，其他多數採取付費販售。第二，提供廣告通路。使用者可將廣告通路裡的品牌、明星、媒體加入好友，接收相關資訊或優惠通知。由於這項服務是以廣告為目的，因此可以為公司帶來獲利。第三，送禮物、購物等電子商務，以及 Kakao Friends 品牌卡通人物的智慧財產權收入。除此之外，KakaoTalk 還可利用擁有眾多用戶的優勢，發展 KakaoPay、Kakao Wallet 等支付或錢包的電子商務。

　　其他類似的成功網路服務，也都是利用各種商業模式獲利。業者一開始就要擴大用戶規模並不容易，一旦成功做到，賺錢就不再是難事。因為使用者多的地方，賺錢機會就多。因此網路業者雖然希望吸引更多使用者長時間使用，但服務上路初期，必須先擱置賺錢的念頭，懂得先投資才能吸引使用者上門。不論是韓國的 Daum Mail、Daum Café 社群、Naver 與 Naver 知

識百科、I Love School 交友網站、Cyworld❼ 社群，美國的雅虎（Yahoo）、Lycos、Google、Facebook 等全球服務，甚至於 Instagram、抖音、Zepeto 等新興行動裝置 app 都是如此。

　　正因如此，科技巨擘都很樂意提供免費網路服務及免費軟體，欲藉此吸引更多使用者，讓使用者養成習慣。將來有一天使用者脫離不了免費服務時，自然就願意付費使用更多功能。

科技速學 ○

平台服務：讓使用者上平台

在網路商業若提到平台（platform）二字，就是使用者與外部供應者連結的環境，也就是生態圈（ecosystem）的意思。平台不是把 A 到 Z 每一項服務提供給使用者，而是在外部供應者、研發人員、製造業者的共同參與下，扮演一個與使用者接觸的場合，藉此滿足需求不同的使用者。換言之，使用者常用的核心功能、產品、服務可由平台自主提供，較冷門的才由外部供應者參與，讓服務完整、持續。這種方式不但能降低營運成本，也能滿足使用者源源不絕的各種需求，服務範圍還能擴大。

7　Cyworld 是一九九九年在韓國成立的社群網站，提供了個人部落格和社群交流的服務，曾在二〇〇〇年代風靡一時，然而在二〇一〇年代左右因智慧型手機的興起，Cyworld 轉型不及，在 Facebook 等新興社群服務的急起直追之下淡出舞台。

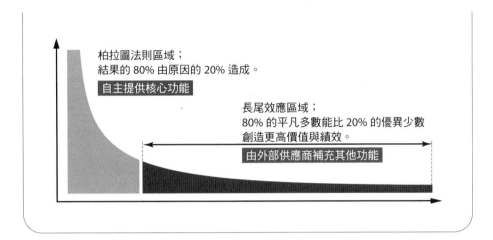

人們看到免費服務積極參與使用，以為占到便宜，實際上是把自己的資料提供給業者做生意，讓業者得以繼續營運。所以免費網路服務實際上並非真的免費。針對這項問題，使用者在啟用免費服務之前，必須看清楚業者告知的使用條款與個人資料運用方式，而且為了避免個人資料遭到濫用，千萬不可隨便按下同意選項。科技巨擘提供的網路服務內，清楚記載著個人資訊的使用內容與範圍，也開放隨時查閱。使用者應定期檢視相關條款。

02 簡易支付與QR code認證，透過臉部辨識交易的世界

　　新冠肺炎疫情讓日常生活出現許多變化，其中不乏出門在外，要進入商店之前，必須用手機產生 QR code 掃描認證，這個動作一天還得重複好幾次。萬一剛好沒帶手機或無法出示 QR code，事情恐怕變得複雜，像是得改用很多人摸過的筆，在表單上填寫姓名、地址與聯絡電話，光想就覺得麻煩。由此可見，QR code 技術為生活帶來許多便利，簡單掃描就能輕鬆解決。

QR code 認證成為日常生活的一部分，到底如何辦到的呢？

　　民眾只要開啟手機上的 KakaoTalk 或 Naver，點選產生 QR code，將 QR code 對準店家的智慧型手機鏡頭，就會自動掃描完成認證，QR code 因此被稱為電子簽到簿。[8] 不過在這個動作之前，用戶必須先在 KakaoTalk 以電話號碼認證個人資訊，讓個資以加密方式儲存在韓國社會保障資訊院（Social Security Intelligence Service）。因此入店前的 QR code 認證，除了傳送認證過的使用者個資，店家的商號、統一編號、地址、聯絡電話等，也會一併被記錄下來。簡單來說，利用店家的智慧型手機、韓國保健福祉部（Ministry of Health and Welfare）的電子簽到簿、民眾的 KakaoTalk 及存有個資的 QR

8　韓國作法為民眾手機產生 QR code；台灣則是打開手機相機或開啟手機裡的 QR Code 掃描器 app，掃描店家提供的 QR Code，手機上方會出現簡訊連結，點擊連結可以開啟簡訊頁面，會看到頁面上出現 15 碼的「場所代碼」，而簡訊收件人是 1922，這些資料都會自動帶入。

code，在掃描 QR code 的瞬間就會自動傳送必要資訊。除此之外，掃描 QR code 的時間也會留下紀錄，後續可依照特定時間、特定商家進行篩選，掌握來往的訪客足跡。以這種方式留紀錄的實名制資訊，主管機關原則上只會保留四週，期限一到就予以刪除。

其實早在新冠肺炎疫情爆發前，二〇一九年韓國已開始用 QR code 進行認證，首爾市政府推行的 Zero Pay、KakaoTalk 推出的 KakaoPay 就是代表，這兩種都是 QR code 簡易支付。民眾在超商或賣場消費時，開啟手機裡安裝好的支付軟體，掃描店家的 QR code 快速完成結帳，取代以往的信用卡刷卡。雖然 QR code 結帳是民眾以自己的手機掃描店家印出的 QR code，與 QR code 認證不同，但原理相似。還有一種是民眾出示銀行或信用卡的手機條碼，讓店員以收銀機讀取條碼結帳，方式也與 QR code 認證類似。亦即，不論是一維條碼、QR code、認證或支付，這些原理大同小異，都是利用儲存在手機的個資或與結帳有關的資訊編碼，快速完成排定作業。因為有手機號碼、指紋、臉部辨識等智慧型手機的資安技術持續發展，加上民眾隨身攜帶手機、手機可隨時上網，才讓 QR code 功能得以發揮。

QR code 支付為何在中國盛行？

中國是全世界使用最多 QR code 支付的國家，二〇一二年就開始利用智慧型手機掃描 QR code 結帳。在韓國雖然也有 Naver Pay、Payco、KakaoPay 等簡易支付，也有 KakaoBank 等網路銀行或信用卡公司推出的支付軟體，行動金融服務也很發達，但中國的發展時間比韓國早很多年，某種程度可視為中國比較先進。

支付寶（阿里巴巴旗下的支付平台）與財付通（騰訊旗下的支付平台）是中國主要的行動支付。在中國，行動支付的市占率很早就超過七〇％，比

例之高全球罕見，二○二○年行動支付交易金額高達人民幣二百四十九億元，規模比六年前成長四十倍。在線下消費也被廣泛使用，是中國行動支付的最大特徵。韓國的行動支付雖然發達，但民眾多用在線上付款，中國則是民眾在一般商家、路邊攤、醫院等地的線下支付遠多於線上消費。原因在於中國的信用卡普及率不如韓國，行動支付出現之前，民眾多以現金結帳，行動支付讓大眾覺得方便，使用量因此快速成長。

若詳細比較手機支付與信用卡支付的操作步驟，信用卡其實較快、較簡單。以信用卡為例，民眾從皮夾掏出信用卡，插入刷卡機後，只要等待店員輸入金額、拿回簽單，幾秒鐘就能結帳。行動支付除了要先解除手機螢幕鎖定，開啟支付 app，還要出示條碼或掃描店家的 QR code，操作過程相對繁瑣。因此，韓國民眾刷信用卡還是比用行動支付多。中國的信用卡普及率不到二○％，造就行動支付的使用量快速提升。

此外，中國的行動支付擁有信用卡在線下消費缺乏的便利性。以路邊攤或小商店為例，店家因為沒有裝設刷卡機，無法提供民眾刷卡，且接受刷卡還得負擔刷卡手續費，銀行也不會立即支付款項，成為業者營運負擔，降低使用意願。但支付寶等行動支付沒有這類困擾，店家就算沒有收銀機，只要能列印出 QR code 圖案，就可在免手續費下立即收款，想當然受店家歡迎。

就消費者立場而言，雖然掃描 QR code 的結帳過程操作較繁瑣，不過還是有刷信用卡沒有的優點。例如：刷信用卡時，結帳金額由店家輸入，掃描 QR code 是消費者自己輸入金額，且消費明細立刻記錄在手機上，隨時隨地可以查閱，如同隨身記帳功能。若在規模較大的餐飲店消費，中國民眾可直接看支付寶提供的餐點資訊，省略翻閱餐廳菜單，快速下單結帳。

科技速學 ●

中國的信用卡不多，竟然成為金融科技強國？

若說中國金融科技（FinTech）傲視全球的秘訣是信用卡普及率低，肯定讓人跌破眼鏡。但現在中國的現金交易量大幅減少，掏現金消費可能還會造成對方困擾。韓國的 KakaoPay 是綁定銀行帳戶或信用卡的行動支付，本身並非銀行或信用卡。支付寶與財付通不僅有結帳功能，本身就扮演銀行及信用卡的角色，這正是中國金融科技最厲害的部分，因此可以完美取代銀行及信用卡。此外，支付寶還能叫車、預約飯店住宿、理財、申辦保險、申請貸款，提供各種電子商務與金融服務。

不需掃 QR code，感應一下就行！

　　用手機結帳時，產生一維條碼或 QR code，再對著鏡頭掃描已算是落伍，不夠方便，未來可能也不會持續很久。因為有一種新技術已經登場，不用啟動手機 app 也可以完成支付，就是近距離無線通訊（Near Field Communication）支付，簡稱 NFC 支付。NFC 技術可在十公分的距離內傳輸資料。雖然藍牙技術支援的傳輸距離更長，但行動支付涉及資安問題，NFC 支付為接觸式感應，使用者可自行辨認支付是否完成，安全性夠，成本也低。

　　日常生活中在搭乘地鐵、公車或計程車感應交通卡付款時，應該覺得非常方便。業者要開通 NFC 支付，有兩項必要條件，一是店家要有支援 NFC 技術的機器，二是民眾的智慧型手機也要有 NFC 功能。由於最近上市的智

慧型手機幾乎都有 NFC 功能，因此只要注意店家是否有 NFC 機器就行。目前已實施 QR code 認證的店家大都利用智慧型手機或平板電腦掃描，預估離提供 NFC 支付的時間也不會太久。

　　事實上，就算不是 NFC 支付，利用星巴克（Starbucks）的 app 也能完成行動支付，根本不必掃描 QR code。星巴克的 app 可以搜尋門市位置，利用行動預點功能先下單結帳，讓 app 本身成為一個商店。只是這種方式消費者可能因為選錯門市，發生跑錯地方取不到餐，app 裡採用 Beacon 技術，透過全球衛星定位系統（GPS）與聲波定位，提供更準確的地點讓消費者選擇。像這樣在實體商店可輕鬆使用行動支付的技術與服務，目前仍然持續發展。

科技速學 ●

沒有智慧型手機也行！
亞馬遜準備開放臉部辨識自動付款

亞馬遜在美國少數城市營運 Amazon Go 無人商店，消費者若以亞馬遜 app 完成身分認證入場，放入購物車的商品會經由自動辨識，在離開時自動結帳。店內設有麥克風、攝影機等設備，對誰買了什麼加以辨識，完成自動結帳。目前亞馬遜正準備進一步提升技術，導入臉部辨識功能，讓沒帶智慧型手機入場的消費者，也能享受採買、結帳的自動辨識流程。

現在不必再明確區分線上服務與線下服務，意思並非用線上取代線下，而是線下服務之中含有線上，兩者會以密切結合的方式發展。之前的線上服務因為數位科技發展得以持續改進，線下服務卻在與科技背道而馳的方向尋找創新。幸好有智慧型手機存在，才讓線下服務也能與數位科技銜接。未來就算在線下場所、線下空間，都可以透過所有人事物的互相連線開啟全新體驗。不論是 QR code 認證、行動支付、臉部辨識等，都可讓線下服務變得更聰明、更方便。

03 替我記憶、為我簡介的AI助理

　　電腦與智慧型手機已經是周遭常見的網路設備。即便智慧型手機已經非常普及，每個人果真都能輕易操作？就算三到七歲小孩、七十歲以上的年長者會用，實際上的操作應該還是不太容易。與二十多歲到四十多歲的熟練使用者相比，小孩與老人在使用上還是存在差距。難道沒有更簡單的上網方式？

告訴我，一句話就解決！

　　智慧音響（smart speaker）就像連上網路的智慧型手機，是與網路連線的音響。音響原本只是聽音樂的機器，不過連上網路的智慧音響就變成多功能裝置，想知道的事情問「它」，智慧音響就會回答，也可利用智慧音響操作其他裝置、了解使用狀態。亞馬遜推出名為 Echo 的智慧音響先占市場，Google、三星電子、SK 電信（SK Telecom）、Kakao、Naver 等其他業者也爭相進入市場。智慧音響受矚目是從二〇一五年亞馬遜推出 Echo 開始，Echo 透過名為 Alexa 的人工智慧與網路連線，當使用者說出「Alexa」，就能喚醒音響。需要的物品、想知道的事情、想買的東西，都可以像對話一樣告訴 Alexa，Alexa 就會回答。使用者不必像以前上網搜尋後，得一項一項點入網頁找答案，現在 Alexa 會立刻告訴你答案，如同家中有一位秘書隨時提供協助。

　　搭載 Alexa 的亞馬遜智慧音響已賣出數億台，如今 Alexa 不只存在亞馬遜的產品上，也被廣泛搭載在全世界各種智慧裝置，例如：博世（Bosch）

的音響、樂金電子（LG Electronics）的電冰箱、福特（Ford）與BMW的汽車、奇異（GE）的燈泡、三星電子的掃地機器人、蓮蓬頭等，統統利用Alexa連線上網。周遭許多形狀不是音響的物品，因為搭載了Alexa，支援聲控操作，甚至與亞馬遜Echo有相同功能。就像電腦安裝Windows作業系統，智慧型手機安裝Android作業系統，Alexa成為眾多數位裝置與網路連線的作業系統。這些連線的裝置不但可以利用Alexa操控，也能透過手機中的Alexa app察看運作情況，例如：家中的智慧冰箱、洗衣機、掃地機器人等，使用者甚至可對搭載Alexa的汽車、電視機下達指令。如此一來，沒與Alexa連線的裝置就像未安裝Windows的電腦、缺少Android系統的手機，變成無用武之地。這就是科技產品內建這類語音人工智慧的影響力。

　　人們可以這樣對智慧音響下達語音命令，就立刻獲得網路秘書般的回應，必須歸功於被稱為AI助理（assistant）的人工智慧。亞馬遜的Alexa、Google的Hey Google、三星的Bixby、SK電信的Alia、Naver的Clova、Kakao的Heykakao等，就是啟動這些品牌AI助理功能的語音指令。智慧音響的效能則取決於人工智慧秘書聽懂人話的程度，以及可對人提供多少必要服務。如同智慧型手機更新作業系統可提升手機使用效能，智慧音響裡的人工智慧如果進化，效能也會更佳。若要問智慧音響與個人電腦、智慧型手機的差異，智慧音響沒有高規格的中央處理器（CPU）、記憶體與儲存裝置，因此價格便宜，也可搭載於電冰箱、冷氣機等家電產品或汽車裡。就是因為如此方便，AI助理被搭載在各種物聯網裝置上，預估應用層面會比其他網路平台還要廣泛。

　　韓國在二〇一七年才有智慧音響上市，二〇一九年已售出約五百萬台，預估二〇二〇年以後銷售數量會突破一千萬台，成為繼電腦與智慧型手機後，第三項影響生活、社會與企業商業模式的產品。

> ### 科技速學 ●
>
> ## 智慧型手機也有 AI 助理？
>
> 早在二十年前的手機就有聲音操作功能，是將手機靠近嘴巴，接收聲音命令的自動撥號，但當時語音辨識率太低，且只能自動撥電話，因而未被廣泛使用。二〇一一年蘋果在 iPhone 4s 搭載 Siri，二〇一二年 Google 在 Android 4.1 搭載 Google Now，同樣都是以聲音為基礎的人工智慧秘書，希望讓使用者能以人工智慧秘書進行更多操作。只是智慧型手機的螢幕可觸控操作，不一定要用語音，AI 助理功能依然未受到太大關注，聲控介面在行動裝置尚未受大眾喜愛。

　　AI 助理之中，率先起跑的亞馬遜 Alexa 提供多達上萬種服務。就像在智慧型手機安裝 app 一樣，使用者在 Alexa 安裝 Skill Set 工具軟體，就能幫 Alexa 自訂新技能、客製化問答內容，例如：用簡單英文指令玩遊戲、下令播放兒歌、冥想音樂、朗誦名言金句等。未來 Alexa 將超越電腦與智慧型手機，成為可操作更多電子裝置的龐大平台。就像在 Google 或 Naver 搜尋不到的品牌與網頁不容易有知名度，屆時沒與 Alexa 連線的事物也不會有機會與消費者接觸。這就是人工智慧秘書平台的影響力。

　　這種語音人工智慧秘書有一個就很足夠。就像需要找資料時，腦中會浮現 Google 或 Naver，一般人使用的語音秘書，最後應該也會出現一兩個功能特別強。亞馬遜、Google、蘋果、Facebook、SK 電信、Kakao、Naver 與三星電子等，不論是網路公司、電信業者或製造業者，紛紛加入市場展開競爭。繼「電腦與網頁」、「智慧型手機與行動」之後，「物聯網與人工智慧」也將開啟新的商業機會，有必要對這種資通訊（ICT，Information & Communication Technology）平台多加理解，才知道究竟會帶來機會還是威脅。

科技速學

聊天機器人 Luda 為何涉及 AI 倫理議題？

二〇二〇年底韓國新創企業 ScatterLab 推出名為 Luda 的聊天機器人，一上市就大受歡迎。就像電影《雲端情人》（Her）裡的人工智慧角色珊曼莎（Samantha），Luda 被設定為二十歲女性，是可利用 Facebook Messanger 聊天互動的人工智慧服務。二〇一八年人工智慧逐漸成為社會上的熱門話題，但生活中能實際接觸的機會不多，Luda 的出現不但將 AI 帶入日常生活，也讓 AI 再次受到關注。

不過當時，韓國社會還沒做好迎接 AI 的準備，Luda 突然出現，引起不少爭議。有人將 Luda 誤認為真人，對 Luda 做語言上的騷擾（雖然人工智慧在韓國不算是被語言騷擾的對象），也有人故意讓 Luda 說出歧視少數性別者的對話，Luda 頓時成為爭議焦點。其中最大問題在於，研發團隊沒有事先取得授權，就將 KakaoTalk 使用者的對話內容當作 Luda 的人工智慧學習資料。事情被揭露後，Luda 上路僅二十天就被迫暫停下架，事件也讓韓國社會對 AI 的倫理議題重新省思，開始重視人工智慧服務的個資利用與研發規範。

找一位我的專屬 AI 秘書？

　　AI 的用途大致可分為兩種，一是當成特殊目的的解決方案，例如：自動駕駛、臉部辨識、提高製程效率、工廠自動化等，主要作為 B2B（企業對企業的交易）AI 使用，針對特定功能做最佳化調整。這種 AI 因為幫企業解決商務問題，也稱為工業 AI（Industrial AI）。未來 AI 將被所有企業用來

提高商業效率，用 AI 創新的情況也會變得普遍。例如：工廠利用 AI 降低製造過程的不良現象、事先診斷機台故障；業務與行銷利用 AI 降低營運成本等。不論製造業或其他商業領域，採用 AI 將成為必需，不再是可有可無的選項。

另一種 AI 用途是以一般使用者為對象，類似網路檢索功能，成為廣泛使用的人工智慧秘書、AI 助理。這種 AI 將會像網頁與行動裝置，深入我們的日常生活，帶動生活方式改變，也稱為前沿 AI（Front AI）。以一般大眾為對象的 AI 平台，AI 在雲端以各種通路與使用者連線操作，如同智慧型手機搭載了 Android 系統，讓使用者能使用 KakaoTalk。兩者的差別在於，原本使用者在網頁上檢索、在行動裝置上看 Facebook，AI 助理利用 AI 平台，跳脫電腦、智慧型手機等周遭硬體設備的限制提供檢索服務，也能存在於軟體與服務上。以 SK 電信的智慧音響 Nugu 為例，搭載了 SK 電信自主研發的 AI 助理 Alia，Alia 也存在智慧型手機的 Tmap app。亦即就算沒有智慧音響，Tmap 依然能使用 Alia。此外，Google 助理（Google Assistant，只要說「Ok Google」即可啟動）能在樂金電子的 XBOOM ThinQ 智慧音響上運作，也能在搭載 Android 系統的智慧電視、搭載 Google Auto 的汽車上操作，甚至還能安裝在智慧型手機與 Chromebook 筆電。

基本上，Alexa、Heykakao、Alia、Clova 等 AI 助理都可搭載在硬體，也可安裝在智慧型手機等裝置上，或與其他軟體功能整合。就像從網頁瀏覽器進入 Naver Café 討論區或 Instagram，未來只要呼叫 AI 助理，不論何時何地都能啟動語音或文字功能，成為比目前任何平台都還多樣化的通路。AI 平台的最大特徵就是將 AI 助理作為殺手級應用（killer application），與存在雲端的 AI 連線。

此外，AI 助理不是單一服務，是能與其他功能、軟硬體連線的整合型殺手級應用。例如雲端裡的 Alexa 透過 AI 平台與外部服務連線運作，Alexa

除了從事亞馬遜提供的功能，也能與超過八萬個外部服務連線。亦即，AI助理不止與各種功能、軟體、硬體連線，也能利用顧客接觸點（customer touchpoint）成為提供外部資源的單一通路。

這種以一般使用者為對象廣泛使用的AI，利用AI助理與使用者接觸，讓雲端裡的AI大量吸納各種資源，逐漸形成龐大的AI生態圈，吸引更多使用者加入、更長時間使用、更常連線、比以往收集更多資料，增加提供服務的範圍。未來掌控AI平台的業者將擁有無與倫比的影響力，站在各種服務與商業活動的中心地位。

全球主要網路業者、跨國製造業者與電信公司為了掌控AI平台，紛紛加入戰局。亞馬遜、Google、Naver、Kakao、三星電子、小米、SK電信、KT正展開前所未有的競爭。想要贏得這場競爭，什麼是制勝關鍵？莫非與AI效能、AI助理的辨識率、智慧音響的銷售量有關？

答案是平台的利害關係人（stakeholder）參與使用平台，以及能讓平台進行價值交易的技術。因為平台不可能巨細靡遺提供每一項服務，若要對不同目的AI平台使用者投其所好提供服務，必須讓AI平台與各種功能連線。亦即，AI平台應包含外部服務與平台的軟硬體、多媒體內容等，隨時準備好對會員傳遞。因此，AI平台應像Windows、iOS、Android作業系統，在技術上做到開放式平台，才能與其他軟體、功能、app連線。從這個方面來看，Alexa、Google助理、Nugu的研發人員領先。

AI助理若要在市場上取得穩定地位，必須精準辨識使用者的聲音訊息，對天氣資訊、播放音樂等常用功能迅速、簡單呈現，不過這部分目前還有很大改善空間。另一個問題是，若要對AI助理下命令使用各種功能，AI平台必須收錄多種外部服務，這也無法在兩三天內達成。AI平台的核心競爭力不能只靠少數常用功能勝出，也必須依使用者的不同喜好，選擇性提供適當服務。會說亞馬遜Alexa比Google助理更有威脅性，就是因為有超過八

萬個 app 與 Alexa 連線，讓 Alexa 不管面對何種用途都能發揮功用。

　　Alexa 與 Google 助理除了搭載在亞馬遜、Google 自家的智慧音響，也搭載在其他裝置上，讓使用者有更多機會接觸 AI 助理，這正是另一個影響 AI 平台成功的關鍵因素——通路可接近性（accessibility）。這裡不限於智慧音響的銷售量或普遍程度，而是讓 AI 存在更多地方，增加使用者呼叫 AI 助理的機會。搭載 Alexa 的裝置雖然超過一億台，但 Google 的 AI 存在全世界數十億支採用 Android 作業系統的智慧型手機、平板電腦與 Chromebook 筆電，更容易貼近使用者。此外，iPhone 與 iPad 只要安裝 Google 助理 app，同樣也能有 Google 助理功能。因此從可接近性的角度來看，Google 助理勝過 Alexa。

　　AI 平台市場應注意的不是 AI 本身，而是以 AI 為基礎發展的商業生態圈。建構這個生態圈必須有裝置連線技術、業者結盟合作，以及增進使用者接觸點的行銷能力，絕非只要 AI 技術。

　　從這個面向來看，韓國的 AI 平台未來會被誰拿下？肯定是理解核心能量，並且做好完整準備的業者。

科技速學

AI 助理的殺手級應用，開啟新的商業機會

智慧型手機有 app 商店，供行動裝置安裝 KakaoTalk、Facebook、Instagram 等軟體。智慧音響也有軟體商店，上架能搭配 AI 助理的相關服務，例如：音樂、Podcast、天氣、鬧鐘等。未來 AI 平台發展之後，可下載的殺手級應用會愈來愈多。

亞馬遜 Echo 可記憶使用者在亞馬遜網站下單的配送資訊、經常購買清單，方便使用者快速下單，Alexa 則可利用儲存的聯絡人資訊提供通

訊服務，以上都算是殺手級應用。SK 電信的 Nugu 在韓國與各種家電產品、插頭、電燈相容，方便使用者利用 AI 助理操作冷氣、空氣清淨機、電燈等，發揮智慧家庭功能。

Google Home 提供多種獨特服務，例如：廣播功能可命令家中所有搭載 AI 助理的音響啟動播放，也可讓所有音響同時播放同一首歌曲，讓家裡瞬間變成大型立體音響。

未來將出現更多 AI 平台的殺手級應用，帶來更多商業機會。

AI 會不會在職場上取代人類？

提到人工智慧通常會聯想到兩個問題；AI 會不會跟人搶工作？會不會像電影《魔鬼終結者》（ *The Terminator* ）的劇情，由機器人人工智慧統治人類？

人類的發展史上，科技發展總是讓工作機會減少。汽車出現之後，馬車夫、製造馬車的工匠師父、馬匹牧場逐漸消失。一九四〇年代美國聯邦調查局（FBI）為了儲存與辨識指紋，雇用了超過兩萬名員工，後來指紋辨識技術成熟，這些職缺也跟著消失。科技就是這樣減少就業機會。

不過，新科技登場同樣也會創造就業機會。以汽車來說，汽車出現後才有汽車製造業者、維修廠、加油站，馬路上開始出現交通指揮、公車司機、計程車司機、卡車司機等。因為科技發展，機械性與重複性高的工作效率提升，多出來的時間得以從事更有創造力的事，帶來新的產業需求。亦即，生產力提升讓特定階層變得富有，產生新的商業機會，相關市場規模也跟著擴大，類似開疆闢土的概念。五十年前，觀賞音樂劇、看電影、聽演唱會並非大眾化的活動，但是科技發展帶動所得水準提升，民眾對休閒生活與品質的

要求增加，甚至產生購買精品的需求。這個過程創造出電影明星、舞台劇演員、攝影師、燈光師、導演、百貨精品銷售顧問等新職缺。因此若從產業與市場來看 AI 發展，怪罪 AI 搶走工作機會並不恰當。

科技速學 ●

機器學習與深度學習到底是什麼？

開發人工智慧的方法有許多種，最具代表性也最常聽到的應該是機器學習（machine learning）與深度學習（deep learning）。機器學習是讓機器根據大量資訊，自主學習並熟悉操作方式的方法論。深度學習則是機器學習的一種方法，最大特色是讓機器模擬人類腦神經元（neuron）自主學習，自動收集必要資訊，和人類一樣具備學習能力。

未來在 AI 助理領域，只會剩下一個最強大的 AI 助理主導市場。就像打開網頁瀏覽器最先進入 Naver 或 Google 首頁，滑手機最先點進 Facebook 或 KakaoTalk，未來一進家門或一坐上車，呼叫人工智慧將再自然不過。這樣呼叫出來的人工智慧秘書，不會因為情況不同就有所差異，全部都是同一位。萬一需要的功能沒登錄在 AI 秘書會怎麼樣？如果想呼喚 Ok Google 啟動三星冷氣機、小米空氣清淨機、打開大門暗鎖，但是這些裝置沒登錄在 Ok Google 之中，這樣 Ok Google 就絕對不可能有動作。有點類似在 Naver 或 Google 搜尋資料，也會發生找不到某公司網頁、某項產品資訊的情況。智慧型手機問世時，只覺得應該要有網路搜尋、新聞、天氣、地圖

等基本功能，無法預料到會有宅配的民族（Baedal Minjok）❾、Instagram、Kakao Taxi❿、Tada 等商業服務出現。這些就是民眾持續使用行動裝置自然造就的新市場。因此，若要在 AI 時代尋找新的商業機會，建議先買一台智慧音響放在家裡操作看看，利用體驗各種功能的過程激發思考與創意，嘗試屬於你的創新。

9　Woowa Brothers 於二〇一〇年推出的美食外送服務平台。
10　由 KakaoTalk 推出的叫車 app。

04 Market Kurly與Coupang Fresh 都利用深夜宅配

　　新冠肺炎疫情改變不少生活方式，其中一項是在 Coupang 與 Market Kurly 網路購物的頻率增加，相對減少逛百貨公司與超市賣場。不過以前也有電子商務，G Market、11Street、Auction 這些電商平台都還耳熟能詳，為何現在反而更常買 Coupang 與 Market Kurly？網路消費市場出現了什麼創新？

Coupang 如何成為電子商務的強者？

　　與其他國家不同，韓國的電子商務一直都像春秋戰國時代，沒有一家絕對強者。eBay 韓國（eBay Korea）旗下的 G Market[11]、Auction 雖然每年業績都有盈餘，在韓國電子商務市場排名第一，但持續面對 11Street 挑戰、Coupang 快速壯大、無聲的冠軍 Naver 追擊，戰戰兢兢無法鬆懈。二〇二〇年十一月 11Street 獲得亞馬遜投資一千億韓元，並且簽署策略合作夥伴關係，象徵全球科技巨擘業者插旗韓國電子商務市場。新冠肺炎疫情讓電子商務市場空前地快速成長，Coupang 與 Naver 逮到衝刺機會，打破了原本的勢均力敵。

　　二〇〇〇年代網際網路普及，電子商務是發展最快的產業。剛開始是網路賣書，慢慢地連家電產品、衣服、家具、食品都有，市場發展一飛沖天。韓國產業通商資源部（Ministry of Trade, Industry and Energy）的資料顯示，

11　G Market 是韓國最大的綜合購物網站，於一九九九年創立。

二〇一三年韓國電子商務市場規模三十八兆韓元，二〇一八年一百兆韓元，二〇一九年一百三十三兆韓元，二〇二〇年一百六十兆韓元，預估二〇二二年上看兩百兆韓元；二〇二〇年 Naver 貢獻二十一兆韓元，Coupang 與 eBay 分別貢獻十七兆韓元與十一兆韓元，11Street 貢獻十兆韓元。相反的，線下通路業者的營收每下愈況。二〇二〇年二月疫情大爆發後，線下通路業者的營收比二〇一九年同期減少七・五％，線上通路則成長三四・三％。

這個數字過了二〇二一年應該又會改變很多。因為市場規模一下子膨脹太多，失去原本的均衡，結果必定有失有得。例如：實力堅強的 Naver 可能在大家不知不覺中登上第一；Coupang 利用強調物流速度的火箭配送，以及忠實顧客貢獻的平均訂單價值（AOV）達到規模經濟，進一步擴大事業規模；11Street 獲得亞馬遜挹注的資金，二〇二一年啟動事業創新，帶動韓國電子商務的競爭格局改變。

韓國的電子商務市場規模持續擴大，在整體零售業占比已超過三〇％，線下流通市場則逐漸萎縮，相關業者非常憂心。百貨公司、大賣場的來客數減少，線上購物比例增加，但消費者的線上購物未經由百貨公司或大賣場經營的官網、app 下單，造成線下零售業績下滑，發展潛力衰退，甚至於股價下跌，企業價值縮水。Coupang 在美國股票上市後，公司市值一度飆到九十兆韓元，金額遠高於韓國所有零售業者的企業價值總和。以新世界百貨（Shinsegae）與樂天百貨（Lotte Shopping）為例，企業價值約三兆到四兆韓元，由此可見當時與 Coupang 的差距。雖然現在 Coupang 的營收與獲利不如線下零售業者，但公司具有發展潛力，因此企業價值依然很高。

科技速學 ●

全通路：線上選購線下取貨

全通路（omni channel）是電子商務的重要策略，意味不管顧客採用何種通路，業者都必須提供相同的消費體驗。這時辨識上門的顧客非常重要，如果能與生物辨識的支付方式連線，就能追蹤顧客足跡。

除了認識顧客進而提供專屬消費體驗，也可透過資料分析加以行銷。目前在實體店面消費的顧客還是比線上購物的人數多，因此線下零售業者收集實體店面的訪客資訊，依照分析結果判斷顧客是否回購、是否有機會成為網路商城用戶，進行分眾行銷，以提高顧客滿意度。

美國在新冠肺炎疫情之後，消費者先在網路下單，之後才到門市取貨的購物行為增加。韓國則是宅配文化發達，未出現美國的購物型態，不過業者同樣收集顧客親臨賣場的消費資訊。美國出現的這種消費型態稱為「線上購買、門市取貨」（BOPIS，Buy Online, Pickup In Store）或「路邊自取」（curbside pickup），實體賣場收集顧客資料的機會增加，可用來分析當作事業發展基礎。後續如何有效利用分析結果建立全通路，將是線下零售業者面對的數位轉型課題。

宅配的民族利用顧客資訊成功？

　　宅配的民族在二〇二〇年韓國電子商務市場掀起一股旋風。二〇一九年韓國宵夜外送市場規模約十二兆韓元，二〇二〇年似乎因疫情影響，韓國政府宣布安全社交距離政策，降低民眾外食意願，使餐飲外送與訂購食材箱（meal kit）的情況增加，市場規模上看十五兆韓元。宅配的民族對韓國餐

飲外送的訂購方式帶來何種影響？

　　如果說線上購物發達影響百貨公司與賣場生意，猜猜看誰會被宅配的民族影響？答案是餐飲外送廣告行業。在宅配的民族出現之前，韓國民眾若想吃宵夜、炸雞或炸醬麵，都是拿出餐飲外送的印刷物廣告翻閱，看到喜歡的餐點再打電話訂餐。外送餐飲業者還會每季固定將餐點廣告放在社區入口，方便居民索取。然而，宅配的民族出現，民眾不用再看印刷物廣告，韓國特有的社區餐飲外送傳單逐漸消失，現在宅配的民族儼然成為匯集全國線上餐飲外送廣告的整合平台。點開宅配的民族 app，不但清楚列出距離最近的餐廳，也能依照餐點類別顯示菜單，當然也有搜尋功能，讓民眾依照價格或種類搜尋。再加上結帳可在智慧型手機直接完成，並且追蹤餐點製作與配送進度，大幅提高民眾訂購的便利性。

　　這麼說，宅配的民族如何賺錢？莫非像廣告傳單一樣收取刊登費？廣告刊登收費當然是基本，不過還有其他獲利模式。首先，必須知道餐飲外送店老闆面對的困擾，除了希望提高營收，也必須費心管理外送人員。針對這項問題，宅配的民族推出 Baemin Riders 服務，直接替店家送餐，解決管理外送人員的麻煩。此外，以前餐飲外送的運費包含在餐點價格，現在宅配的民族另外收費，成為獨立的獲利來源，宅配的民族還有 Baemin Mart，是對餐飲店供應食材的 B2B 銷售，以及 Baemin Kitchen 代客料理服務，這些也都可獲利。當然，宅配的民族也不是所有事業模式都成功，會針對失敗的案例檢討改善，重新構思其他商業模式。

　　宅配的民族能在韓國宅配產業成功創新，關鍵在於能掌握顧客接觸點，利用即時收集的外送訂單資訊，提供餐飲店做參考，例如：某地區在某些時間接到某種餐點的訂單最多。另外，為了加快宅配效率，也對宅配人員提供派車資訊預測，例如：哪些餐點在哪個分店取餐，建議行駛路線。因為有這些資料作為提供服務的基礎，宅配的民族能維持一定的顧客滿意度，並有餘

力開發創新商業模式。這部分則用到大數據分析與 AI 技術。

科技速學 ●

期待數位創新的產業：x 科技

食品科技（FoodTech）是將科技應用在食品產業，舉凡食品生產、加工、運輸、銷售等全部領域，都與資通訊技術鏈結，藉此達到創新。同理，金融業的科技創新稱為金融科技（FinTech）、在房地產市場稱為房地產科技（PropTech）、廣告領域是廣告科技（AdTech）、教育領域是教育科技（EdTech）、零售業是零售科技（RetailTech）、醫療領域是健康照護科技（HealthTech）、生物工程領域是生物科技（BioTech）、保險領域是保險科技（InsurTech）。像這樣在特定產業以科技進行的創新統稱為 x 科技（xTech），以此類推農業的科技創新可稱為農業科技（AgriTech）。現在各種產業領域以資通訊技術推動創新，已經是很基本的事情。

不用等待，你只需要享受購物的愉悅心情！

　　線上消費帶動的不斷創新與激烈競爭，造就電子商務市場成長，線下零售業者因為無法有適當應對，眼巴巴的看著電子商務市場坐大。這些線下零售業者雖然也有自己的網路商城、推出自家 app，相對之下技術還是貧乏。換句話說，業者不僅欠缺科技能量，也沒辦法打破原本的價值鏈（value chain），結果創新只做一半。

　　反觀電子商務業者，從未停止進攻線上購物市場，甚至還想透過科技創

新，跨足線下零售事業，投資毫不手軟。代表性的例子前面已經提過，就是亞馬遜推出的無人商店 Amazon Go。Amazon Go 是一○○％無人介入銷售的店面，消費者在店內挑選完物品，走出店門就會自動結帳，像車子經過高速公路 ETC 電子收費一樣。消費者不必在收銀台前排隊，也不用把購物籃裡的物品一一拿出來掃描條碼，連感應信用卡支付都不必。在 Amazon Go 店內只需要感受購物的愉悅情緒，沒有一絲多餘等待。

　　除了亞馬遜將數位科技帶入線下購物體驗，還有很多業者也正在從事這方面的努力。以美國網路零售眼鏡業者 Warby Parker 為例，開設實體展售空間爭取新顧客。中國生鮮食品業者盒馬鮮生，在數位生鮮食品賣場開通連結支付寶的自動結帳，同時也在實體店面提供宅配服務。韓國的網路彩妝與時尚品牌 Stylenanda 在樂天百貨本館設櫃，在弘益大學商圈、明洞商圈、新沙洞開設旗艦店，獲得顧客好評。

　　網路書店業者 Yes 24 在釜山二手書店門市 F1963 採用 Naver 的自動駕駛機器人，協助門市進行圖書整理。線下零售業者也努力跟上腳步，在賣場內推行數位化，盡可能擺脫原本的營運方式。這種以數位科技對線下經驗帶來創新的努力稱為 O4O（Online for Offline），意思就是為了發展線下服務，積極採用數位科技，透過線上方法提高線下業者的業績。既有的 O2O（Online to Offline）只是連結線上與線下，O4O 則是密切整合，並且在線下業者的實體賣場積極導入數位科技。

科技速學

Nike D2C，直接與顧客面對面

製造業者不另透過電商網路平台，直接建立自己的銷售通路參與零售商品稱為 D2C（Direct to Consumer），也就是直接面對消費者。D2C

目前雖然偏向擁有全球規模品牌的銷售策略，但是因為科技發展與開放式平台成長，有逐漸朝個人交易發展的趨勢。

Nike 是 D2C 策略的代表。二〇一七年 Nike 開始對自家官網與 app 的產品銷售進行投資，而不是與外部網路商城合作上架產品。Nike 選擇與消費者直接接觸，掌握消費者需求的第一手資訊，作為企劃下一檔產品的參考資料。這麼做有利於滿足消費者期待，也可依照顧客資訊行銷相關產品。Nike 若透過外部網路商城銷售產品，能對顧客提供的服務不但受限，還得支付平台手續費，這筆成本最後可能會轉嫁給消費者。因此 Nike 評估之後，決定投資發展自己的線上銷售通路，與顧客直接接觸。

為了達成這項目標，二〇一八年三月 Nike 購併資料分析業者 Zodiac，四月購併利用電腦視覺技術（computer vision）生產客製化球鞋的 Invertex，二〇一九年八月購併人工智慧業者 Celect。有愈來愈多製造業者建立自己的網路銷售通路，與消費者直接接觸。現在電子商務市場除了電子商務業者之外，製造業也加入競爭，格局變得更加複雜。

電子商務在過去二十年持續進步，發展方向是讓消費者更便宜、更快、更方便買到想要的東西，因此不斷在價格、配送、搜尋這三大領域推動科技創新。基本上，必須努力推薦能讓消費者滿意的商品。如果說二〇〇〇年代比較價格，二〇一〇年代比較簡單搜尋，二〇二〇年代應是追求更迅速、更安全配送的網路購物。這一點 Coupang 的火箭配送與 Market Kurly 的凌晨配送已經成功做出差異化效果。未來，對消費者推薦最適合商品的能力，將成為業者的核心競爭力。不論電子商務如何發展，價格、配送、搜尋、推薦，這四項基本核心都不會改變。

05 撼動金融市場的Naver Pay 與KakaoPay

　　Naver 與 Kakao 是韓國網路服務的兩大競爭業者，在許多領域也是短兵相接，簡易支付的競爭尤其激烈。簡單來說，這兩家業者在金融科技的競爭已走向白熱化，甚至另外成立金融子公司求取成績。Naver 的子公司為 Naver Financial，Kakao 則是 KakaoPay。

簡易支付市場的春秋戰國時代，誰是最後贏家？

　　二○二○年韓國簡易支付市場規模成長到一百兆韓元，若與整個商業交易市場規模三百五十兆韓元、線上購物市場規模一百一十兆韓元相比，民眾使用行動裝置進行消費支付的比例相當高。尤其是最近三年，韓國簡易支付市場規模成長二○○％，操作也從必須用個人電腦搭配數位憑證，進步到可在線下賣場使用，發展的速度之快，讓韓國金融市場吹起的創新風潮，瞬間從狂風變成颱風，也因此出現「金融科技」變成「科技金融」的文字玩笑。

　　目前韓國的簡易支付市場有許多支付方式，例如：線下使用比例最高的 Samsung Pay、百貨零售業者推出的 SSG Pay 與 L.pay、網路公司推出的 KakaoPay、Naver Pay、Payco，也有網路商城提供的 Smile Pay、SK Pay、Baemin Pay 等。這麼多種簡易支付讓人看得眼花撩亂，肯定無法每一種都有人氣，未來應該只會剩下其中幾種，帶動另一波金融創新。

　　零售業者可針對前往賣場或購物中心的消費者推廣自家簡易支付，擁有基本使用者相對容易。以業績達數兆韓元的零售業者為例，先擁有自家門市通路的簡易支付使用者後，再增加一些外部加盟店，就有機會提高簡易支付

的使用頻率，從行銷層面來看具有優勢。不過，要讓這些使用者在其他地方也使用該簡易支付並不容易，像 SSG Pay 就無法在宅配的民族使用。

　　反倒是內建在 KakaoTalk 的 KakaoPay、三星智慧型手機裡的 Samsung Pay，以及利用購物搜尋服務結合加盟店的 Naver Pay，這些擁有顧客接觸點的簡易支付更有優勢。比起單一零售業者的銷售通路，可以在各種店家廣泛使用的支付方式較有利於取得市場。從這個角度來看，KakaoPay、Naver Pay、Samsung Pay、Payco 等，在競爭上位居上風。

　　不過這些簡易支付不可能都是贏家。因為網路服務也跟檢索、即時通、社群網站一樣，適用於「贏者全拿」法則（winner-take-all），網路外部性（network externality）最強的業者將愈來愈有優勢。最後市場上很可能只剩下一兩家業者，也許是經營網路銷售之外，擁有更多實體店面的業者。換句話說，同時在網路商店與線下店面擴大簡易支付用戶的業者，很有機會成為贏家。因此，業者必須在線上商店與線下實體店面展開激烈競爭，盡可能擴張事業版圖。如果先前簡易支付市場屬於網路上的競爭，未來在線下的競爭將更激烈。以 KakaoPay 為例，用 QR code 提高在線下賣場的使用機會，也與第二大股東──支付寶合作，推動與支付寶連線，讓在韓國的中國觀光客能用支付寶掃描 QR code，經由 KakaoPay 完成消費結帳。可以預料未來 Naver Pay 與 Coupang 的 Coupay 將進軍線下支付，以線下為主的 Samsung Pay、SSG Pay 等將朝線上支付發展。Payco 已經同時進軍線上與線下，持續擴大市場版圖。這些行動支付之中，未來只有一個能以高過五〇％的市占率取得市場主導權，剩下部分才由其他行動支付瓜分。

科技速學

中國的金融科技，是否為金融功能的替代品？

中國的金融科技服務目的在取代原本的金融功能，本質上與韓國的簡易支付不同。韓國的簡易支付依附在原本的金融功能上，比較類似互補。舉例來說，如果將 Uber 看待成要消滅原本的計程車，Kakao T（Kakao Taxi）就是讓搭計程車更方便。這裡的 Uber 是計程車的替代品，Kakao T 則是互補品。雖然替代品不是經常都對、都好，不過 Uber 認為人人都能當駕駛載客，也提供有效率的派車系統，保障駕駛人收入，期望打破僵固的交通產業價值鏈。只是 Uber 的作法會與既得利益者發生衝突，這種方式稱為破壞式創新（disruptive innovation）。這種創新必須成功才能稱得上創新，否則就會成為笑柄。

Naver Pay 與 KakaoPay 能否撼動金融市場？

使用 Naver Pay、KakaoPay、Payco 等簡易支付，消費者可累積點數換取優惠。以 Naver+ 會員為例，最多可獲得結帳金額五％的會員點數。業者為何要提供這些優惠？

簡易支付服務通常是使用者要先儲值現金，或者綁定銀行活存帳戶、信用卡，才能成為支付媒介。大概就是明明可以付現金、直接刷卡解決的事情，簡易支付硬要插一腳，在中間扮演代辦角色。為何消費者一定要用簡易支付結帳呢？因為使用簡易支付的方便性與優惠比直接付現或刷卡還好。用 Naver Pay 結帳比用電腦網頁結帳快，不必安裝數位憑證、設定憑證密碼，只要在手機上通過生物辨識（如指紋）或輸入付款密碼，立刻就能完成交

易。所以就算要在電腦上付款，選擇連線行動裝置簡易支付的方式愈來愈普遍。再加上用簡易支付可以累積會員點數獲得回饋，吸引使用者經常利用。

KakaoPay 在韓國擁有大約兩千萬名用戶，堪稱韓國代表性的簡易支付，二〇二〇年第一季結帳金額高達十四兆三千億韓元，幾乎等於韓國信用卡公司的營收。Naver Pay 因為有結合部落格與網路商城的 Smart Store 為基礎，基本上有超過三十萬個加盟店可用，除了結帳功能之外，還有貨件追蹤、會員積點、消費明細管理等貼心功能，目前約有三千萬名用戶，二〇二〇年上半結帳金額為十二兆五千億韓元。

這些簡易支付雖然是金融上的互補品，仍然可用簡易支付取得的顧客接觸點為基礎，提供多樣性的金融服務，對原本的金融機構產生威脅。當民眾使用簡易支付的次數增加，等於傳統金融業者接觸顧客的機會減少，在競爭上屈居劣勢。就像報社因為 Naver 與 Daum 失去了直接接觸讀者的機會，最後只能成為替入口網站提供新聞內容的角色。

簡易支付市場到底靠什麼賺錢？

由於簡易支付對使用者提供額外優惠，自然容易提高使用頻率，但是 Naver 與 Kakao 為何要這樣做呢？簡易支付業者願意提供優惠，肯定有一套明確的獲利模式，秘訣是什麼呢？目前就算是金融機構，也很難從收取信用卡的手續費獲得高額收入，主要收入來源必須利用顧客關係，以及基於刷卡內容推廣的金融產品銷售，例如：放款。因此 Naver Pay 肯定不是靠手續費賺錢，到底為何還要跳入已成紅海的金融市場？

就像傳簡訊服務與 KakaoTalk 的獲利模式不同，這些簡易支付的商業模式也與原本的金融業不同。傳統支付的獲利模式是收手續費，簡易支付的手續費獲利幾乎為零。說穿了，簡易支付只是吸引顧客的誘餌，並非業者的賺

錢工具，就像入口網站免費提供電子郵件、社群討論區、部落格、搜尋等服務，另有其他收入來源。業者可利用簡易支付擔任各種金融商品的銷售媒介收取手續費、取得消費明細、以顧客接觸點作為優勢，將這些資料做成市場行銷的解決方案或廣告，對企業客戶銷售。

二〇一九年全球廣告市場規模約六百兆韓元，韓國約為十二兆韓元；韓國的廣告市場之中，數位比率接近三四％。就像網頁廣告有橫幅廣告（banner ad），KakaoTalk 有簡訊廣告，Facebook 有動態消息廣告，簡易支付也會利用其他數位廣告尋求差異。傳統金融服務重視用戶關心何事，簡易支付注重用戶的消費內容、消費金額，利用這些資訊投放廣告，這是兩者最大差異。支付寶因為有線下結帳資料，因此能針對線下商店投放最適合的廣告。

事實上，簡易支付不止有結帳功能，也可以有會員卡管理、消費明細、收據、記帳簿、轉帳、拆帳，甚至於金融商品搜尋、推薦保險商品、P2P 網路借貸（Peer to Peer）、海外股市投資等。未來簡易支付會像支付寶，除了在線下店面提供購物服務、行銷解決方案，也會朝金融機構的入口網頁發展，商業模式有更多變化。屆時社區超市與商家將可利用簡易支付業者提供的行銷解決方案打廣告，進行顧客管理。就像大部分從事網路銷售的業者會在 Naver 或 Daum 刊登廣告，線下店面也該在 Kakao 或 Naver 營運的簡易支付上打廣告。

簡易支付市場應留意跨國匯款與匯兌、國際支付的創新。中國觀光客在韓國、日本、美國等地旅行時，已經都用支付寶取代當地貨幣消費。將來韓國人出國旅行，也會以行動裝置付款取代兌換外幣或刷卡。不過這必須要各國簽署簡易支付的策略合作才行，當然也還要有相關技術，才能加速國際金融發展。我不知道金融機構、金融領域相關業者、甚至於支付業者、線下廣告公司、行銷公司如何看待這樣的市場變化？萬一根本沒意識到這些問題，恐怕會面臨極大危機。

科技速學 ●

何謂金融科技？

KakaoPay 與 Naver Pay 除了支付功能之外，還有繳稅、帳單管理、記帳簿、資產管理、儲蓄、保險、房地產投資、股票投資等多種金融功能。由於簡易支付使用的人多，業者利用支付功能取得消費資訊，對用戶推薦客製化金融商品，銷售成績斐然，也讓簡易支付業者逐漸變成經營金融平台。這些業者能在金融領域帶起創新風氣，關鍵在於積極利用行動裝置 app、大數據、人工智慧等資通訊技術，成就金融的數位轉型。這種金融數位創新就稱為金融科技。

銀行若不數位創新將會落伍

　　智慧型手機問世為許多產業帶來變化，這種變化對某些人是機會，對某些人卻是危機。當民眾開始用智慧型手機下單採購、叫計程車、用手機看影片，原本的零售業者、交通運輸公司、電影院就出現危機，不過能為消費者帶來新體驗的新創企業與資通訊業者，相對獲得發展機會。

　　金融業就是受這股變化影響的產業之一。智慧型手機上的金融科技 app 讓一般使用者更方便使用金融服務，但對銀行、信用卡公司、甚至於金融相關產業卻是一大危機。這種變化的起點應該算是智慧型手機有生物辨識功能開始，因為有指紋辨識、臉部辨識的認證技術，以及利用手機號碼、全球用戶識別卡（USIM）定位的資安解決方案，民眾才有更安全、快速與便利的金融服務可用。

　　即便如此，為何原本的金融機構面對金融科技來襲，會表現得這麼手足

無措？其實並非金融機構不懂科技，而是不知道該怎麼將新科技應用在服務上。看看 Toss[12]、Naver Pay、KakaoBank 推出的 app 就會發現，比金融機構的 app 更有人情味。舉凡線上開戶畫面、帳戶內容呈現、儲蓄管理、群組帳戶管理等，這些功能都比一般銀行的 app 更體貼使用者。除了畫面上的可愛卡通角色賞心悅目，存款過程也像在玩遊戲，要用群組帳戶管理對群組成員發出付款通知時，還能附加留言及可愛貼圖。

　　相形之下，一般金融機構的 app 只會呆板地呈現數字，不像採用金融科技的服務為顧客帶來新體驗。金融科技業者為了創造更好的使用者體驗，對 app 功能、畫面呈現、使用者介面進行投資；為了確保更安全、有效率的系統，不惜採用雲端、大數據、AI、資安與認證技術。就是這種盡可能以數位科技創新的轉型，在金融業帶來改變。

　　一般金融機構必須設立實體據點，配置人力提供顧客諮詢，還要運作傳統的業務管理系統，這些都需要投入資源。金融科技業者沒有實體營業據點，當然也不必配置駐點人員，只需專注於讓 app 提供更好的服務體驗，建立新平台或服務模式。這就是傳統金融與金融科技的差異之處。

　　特別是新冠肺炎疫情之後，全世界正在以零接觸、線上、數位科技為基礎發展創新，讓傳統企業別無選擇，必須改變營運方式與客戶服務模式。面對這個變化，金融科技業者明顯站在有利位置，傳統金融業者如何因應改變，將決定未來命運。

12　Toss 是一個提供 P2P 支付服務的平台，於二○一五年創立。

06 YouTube與Netflix，集結演算法與訂閱經濟

Netflix 能在短時間內受矚目，並非值得看的節目特別多，而是很會推薦適合我看的節目。上 YouTube 總會不自覺就忘記時間，也是因為 YouTube 會持續推薦引發興趣的影片，讓人一個接著一個看不停。為何這些服務這麼懂我？

只跟著我，YouTube 演算法的記憶

在 YouTube 上很容易因為影片一個接一個看，不小心就忘記時間。會發生這種現象，主要是瀏覽器右側出現的推薦影片。因為 YouTube 依照我看過的影片，列出其他我也可能有興趣的內容，而且除了右側的推薦，在本片播放完畢後，緊接著也會跳出相關影片。像這樣在視覺周圍都是引誘我點閱的影片，自然不容易全身而退。這麼說來，YouTube 如何知道我喜歡哪些影片？

YouTube 利用我看過的影片資訊推測喜好，因此必須針對我看過的影片廣泛收集資訊，包括：何時看、看什麼、看多久、是否參與留言互動、有沒有對影片按讚等等。收集到這些資訊並加以分析後，YouTube 就會開始對使用者推薦喜好影片。但是 YouTube 的推薦並不僅止於此，連使用者點入多少推薦影片都會記錄，繼續利用演算法分析，不斷推薦喜好影片。

使用者如果不想在 Google 上洩漏興趣與其他個人資料，可以不登入會員帳號直接使用，或者關閉瀏覽器上的 Cookie 設定。如果與家人共用電腦或電視，所有人的興趣都混在一起，YouTube 同樣無法精確掌握我的喜好。

舉例來說：父母親在 YouTube 為小孩播放兒童節目，之後自己又收看了政論節目與運動賽事，這時 YouTube 推薦的喜好影片就會包括兒童節目、政論與體育節目。如果在筆記型電腦上看 YouTube，可從播放紀錄與推薦影片知道該使用者平常喜歡的節目類型。因此，必須注意是否將筆電借給別人使用，否則在工作上用同一台筆電發表簡報時，很容易就會洩漏平常觀賞的影片資訊。

　　像這種利用使用者資訊提供客製化服務的方式稱為個人化。Naver、Daum 等入口網站也是依照使用者經常看的新聞、社群討論區、部落格等，在特定領域提供個人化服務。不過，Naver 顯示的即時搜尋或首頁顯示的推薦新聞，有較多成分是迎合大眾喜好。因為多數人觀看的內容有可能我也會喜歡，因此會推薦不屬於我的個人化、但已經是熱門瀏覽，我可能也會點閱的內容。

科技速學

YouTube 如何賺錢？

YouTube 要儲存大量影像檔，讓世界各地的人收看，肯定得投入龐大成本建置儲存系統與營運，這樣 YouTube 是如何賺錢？ YouTube 播放免費影片的時候，會在影片中插入廣告，向刊登廣告的業者收費，另一邊也向一般使用者銷售 YouTube Premium 付費服務。訂閱 YouTube Premium 的使用者能享受不被廣告打擾的影片收看，也支援關閉手機螢幕的背景播放，還可下載影片，留待沒有網路連線的時候看，另外也有 YouTube Music 音樂服務。YouTube 就是這樣同時對企業與個人收費維持運作。

Netflix 如何不斷吸引我上鉤？

　　進入 Netflix 會看到各個影片的預覽縮圖，縮圖會定時依照影片種類、簡介、國家更換，不過首頁上一定會有依照個人喜好推薦的影片。Netflix 的行銷手法是將節目數量包裝得非常豐富，推薦方式則類似 YouTube，利用演算法分析收看內容與收藏項目。

　　Netflix 的影片數量雖然比 YouTube 少，但每個節目都有明確的故事情節、導演、演員陣容，因此能做到更細膩的推薦。為了對會員精準推薦喜愛影片，Netflix 利用 A/B 測試不斷確認使用者的喜好，不是單純推薦電影或連續劇，會思考要如何呈現更吸引人的推薦。

　　許多人在 Netflix 選擇影片時，會點進精彩畫面預覽及預告，才決定是否收看正片，因此 Netflix 必須放上能吸引點閱的劇照，才有機會提高影片收看率。為了讓影像縮圖引發觀眾興趣，除了篩選我可能有興趣的影像，還會放上增加電影可看性的各種劇照，包括以演員為主的縮圖、宣傳海報、劇中的重要場景等。這些劇照當然又是以我喜好的演員為主，吸引我點閱。由於每個會員感興趣的題材不同，因此 Netflix 經常更換照片吸引更多視線。這種作法讓 Netflix 看起來像是擁有非常豐富的影片數量，其實不然。

　　在一個家庭中，每位成員收看 Netflix 的偏好不同，必須對每位成員分別推薦節目，才能做到投其所好。對此，Netflix 推出高級方案（Netflix Premium），最多允許四個人同時用不同裝置收看，如此一來便能區分使用者。簡單來說，採用高級方案的使用者上線時，可各自設定帳戶，連線時就能收到符合偏好的影片推薦。Netflix 則會持續收集用戶上線時間、地點、上線裝置等收視資訊，作為提供優質服務的基礎。

科技速學

A/B 測試

A/B 測試是以 A 與 B 兩種選項，分析使用者對何者選擇較多。網路服務業者不可能對使用者胡亂推薦或盲目預測，因此利用測試結果進行分析。例如：測試使用者對特定影片的哪一種縮圖點擊數較高、哪種節目在什麼時間用什麼裝置收看較多。分析時將 A 與 B 兩種方式混合呈現，進而得到結果。A/B 測試大都用在發送會員電子報、商品推薦、版面位置調整、網頁橫幅廣告改變時，判斷使用者的點擊與喜好。

擁有太麻煩，不如分享與訂閱

　　日本比韓國早經歷經濟高速成長與長期不景氣，一九九〇年代後半開始走向簡單生活、狹小住宅與極簡主義（minimalism）。極簡主義起於一九六〇年代美國，以視覺藝術與音樂為主的藝術思潮反對過多技巧，追求根本與單純，後來在日本被轉化為經濟概念而受關注。日本社會對拜金主義、太過濃厚的商業主義、過度消費與浪費進行反省，為了掙脫負債的枷鎖，開始出現無所有的概念。韓國則是在網路上看到類似現象，進入二〇一〇年代，數位新世代為了避免物質上的擁有造成效率低落，開始追求利用數位科技的共享服務，以及訂閱經濟帶來的便利。

　　回想二十多年前的高中、大學時代，我曾經非常沈迷於蒐集，包括郵票、黑膠唱片、遊戲卡帶、連載漫畫，甚至於錄影帶等，將這些物品放在我的寶物倉庫，好朋友來訪才小心翼翼拿出來一起看。不過現在，曾經與我有

相同蒐集嗜好的朋友都不再蒐集，反而從十年前開始丟掉那些蒐藏品，甚至連堆在書房的書也覺得占空間。曾經裝著音樂、電影、故事或遊戲內容的舊時代產物，如今變成多餘的累贅，不但占空間還得花時間整理。時代已經改變，錄影帶裡的內容可以從 YouTube、Netflix 上面收看，書籍與漫畫書內容可以在 Millie、Ridibooks 等電子書城閱讀，這一切用訂閱及分享就能解決。

只在需要時才用

擁有物品的時候，需要就能立刻拿出來用，但是為了擁有這項物品，除了要花錢買，持有也會產生成本。相反的，實際上並不擁有，需要時才用的租借方式，可讓使用者以較低成本使用，有不需要就歸還的優點。串流（streaming）的性質介在這兩者之間，使用者不必擁有整個影音內容，可以只收看需要的部分，針對該部分付費。但是正因為串流媒體並非完整的擁有商品，如果合約期滿或服務結束，使用者就會喪失使用權利。相較於擁有完整的影音內容，串流反而存在更強大的連線約束力。

我們使用的水、電、瓦斯其實也是一種串流。能用水管傳遞的東西是流體，當影音節目轉換成數位之後，就能藉著網路以串流方式銷售。就像打開水龍頭會出水一樣，使用者可以用串流方式聽音樂、看電影、聽廣播、看漫畫與書籍。串流的最大優點是使用者不必保存內容，省下許多儲存空間，不管在什麼裝置都可以看到同樣的內容，有相同的體驗。就像在手機上常聽的音樂，換到電腦上也能馬上打開來聽；在電視上看到一半的電影，也可以先按暫停換到平板電腦接著看。

這種使用者需要時，業者才依照要求立刻提供服務的方式稱為隨選（on-demand），是以消費者中心價值為主的概念。亦即，顧客想要時就得立刻提供服務，不論顧客在何種情況，都必須符合顧客期待。只有串流服務

能實現這種顧客價值，技術上能支援的就是雲端。

雲端技術的極限到哪兒？

　　與網路連線的伺服器可儲存資料、影像等各種資源，只要設置好伺服器，任何裝置需要時皆能連上伺服器存取資源，這樣的系統就稱為雲端。雲端上擁有各式各樣的串流影音媒體內容。

　　業者如果要做到隨時隨地播放用戶喜歡的歌曲，必須以先前收集的收聽清單為基礎播放。亦即，業者必須在電腦、電視、音響、汽車、智慧型手機、平板電腦等，各種存在用戶周遭的播放裝置上辨識使用者，才能隨時播放當事人常聽的歌曲。因此這些裝置基本都要有網路功能，且用戶的播放清單儲存在伺服器（雲端）。至於提供歌曲的雲端要能接受各種裝置連線，待使用者登入帳號密碼，就能從儲存的播放清單開始播放。這也屬於隨選服務，提供服務的方式則是串流。目前除了音樂之外，電視節目、動畫、外國影集、電影、文件資料等，都能夠透過雲端以隨選的型態提供。

　　串流服務得以擴張到各種多媒體檔案，必須歸功於雲端技術發展。二〇一五年輝達推出名為 GeForce NOW 的雲端遊戲，微軟則在二〇二〇年八月將 Xbox 遊戲放入雲端，推出 xCloud 串流服務，亞馬遜隨後也推出 Luna 雲端遊戲加入戰局。玩家在雲端遊戲平台不必另外買遊戲主機或高規格電腦，只要有電視機或筆記型電腦就能上網玩，當然也不必在電視上安裝額外物品。現在的電玩領域因為雲端技術發展，讓串流服務得以實現。

　　多媒體檔案儲存在雲端，透過串流可隨時傳輸，因此使用者不一定要把檔案下載到電腦，收看影片也不用每一集個別付費，想看的時候只要上線就能立即觀賞，這是雲端技術帶來的便利。

　　現在玩家不必為了打電動，更換電腦主機的中央處理器或顯示卡，也不

用特地買遊戲主機，只要上網連線雲端，就能選取想要的遊戲立即開打，當然也不必額外安裝軟體。因為遊戲本身安裝在雲端、從雲端執行，玩家只要打開 Chrome 瀏覽器，載入畫面就可開始遊戲。這樣的雲端遊戲不局限於電腦上，平板電腦、電視、智慧型手機等，任何裝置上都能執行。

　　由於雲端遊戲相當方便，容易吸引玩家加入，在 YouTube 或 Twitch 遊戲交流平台看遊戲直播的玩家，也能隨時參戰，有助於壯大遊戲市場規模。正因為雲端遊戲不管任何裝置都能使用，玩家可在更多裝置上、更長時間享受電玩。

　　在音樂、影片、電玩遊戲之後，電腦的文書軟體也能以串流方式開啟，未來肯定還會有更多雲端服務出現。串流的應用能到何種程度？

串流到底哪裡好？

　　串流服務的最大優點是減輕本機裝置的資源使用，具有不受機器限制的單一來源多元應用（one source multi-use）特性，更貼近一般民眾。同一位使用者可在不同機器操作，只要通過身分認證，任何機器都能以相同經驗進行使用。此外，由於多媒體內容已經上傳到雲端，使用者可透過其他人對相同內容的使用紀錄，了解哪些較熱門，成為推薦資訊。連上雲端的使用者還可交流、分享串流媒體內容，站在使用者立場，串流服務的收費較低，何樂而不為呢？

　　對企業來說，串流服務能取得更多使用者，也可減少當個別裝置發生不相容問題，必須提供的顧客支援，提高業務效率。此外，業者每月固定對使用者收取一筆訂閱費用，可以成為持續帶來獲利的營運模式。

仔細想想，其實是完全擁有──訂閱經濟的秘密

　　若要在特定領域讓串流成功，誰扮演重要角色？回想一下自己買 CD 和從 Melon❸ 音樂平台聽歌有什麼差異？到錄影帶店租片和從 Netflix 上看片又有什麼不同？

　　串流服務會推薦可能喜歡的音樂或電影，先前聽過的歌曲名稱也會存在歷史紀錄，萬一要買新電腦或換手機，完全不必費神去備份、移轉這些多媒體片檔案，隨時登入帳號連上雲端，喜歡的東西統統都在，也沒有保存困擾與更換播放裝置的麻煩。這些正是利用串流才能感受的優點。某些事業在發展串流的過程，必須先像這樣創造附加價值，才能讓使用者願意改變習慣，去做新的嘗試。

　　當原本的服務型態變成由串流方式提供，商業模式和價值鏈會跟著改變。例如：遊戲的串流服務影響遊戲主機與卡帶銷售，也會影響網路咖啡廳與遊戲發行公司。玩家不用另外安裝設備或投資，連線就能立刻玩雲端的串流遊戲，會帶動參與遊戲的人數成長。業者的獲利模式也從銷售遊戲卡片變成訂閱收費，以每月固定收取一筆費用來延續使用。這種串流服務帶動前所未有的產業創新。

　　串流的事業創新是商業模式的結構改變。擁有是買一次就完成的交易行為，對業者是一次性收入，使用串流是特定期間內持續有交易，原則上是一個月計算一次金額收費，或者根據用量按照比例計費。不過也有業者願意免費提供串流服務，再開發其他獲利模式。這種有別於傳統購買、銷售，連結到雲端使用的收費方式稱為訂閱經濟。訂閱制電子商務（subscription commerce）是串流服務重要的商業元素。

13　譯註：韓國市占率最高的音樂串流平台。

科技速學 ◯

MZ 世代一定得做的訂閱經濟

訂閱經濟被稱為訂閱制電子商務，像訂閱報章雜誌一樣，每個月固定支付使用費來接受服務，不但是一種商業模式，也是一種零售手法。串流服務大部分都以訂閱經濟的方式運作，其他無法串流銷售的實體商品，也會以零售方式參與。例如：鮮花、零食點心、化妝品、刮鬍刀片、紙尿布、更換床墊、環境清掃等，這些都可以用定期提供服務的方式落實訂閱經濟，不但方便，也能跟上流行。訂閱經濟在 MZ 世代 ⑭ 非常受歡迎。

現在不只能訂閱 YouTube 或 Netflix，訂閱成為另一種擁有的型態。未來還有什麼能落實訂閱經濟？最近開始有定期往家裡或辦公室送鮮花、裝飾掛畫、零食點心、刮鬍刀片、浴巾毛巾的訂購銷售，消費者不必費心採購，東西會自動配送到府。其實每週固定請人到家裡清掃一兩次、定期更換床墊、更換寢具、每個月支付一萬韓元，就可在超過兩百家簽約餐飲店喝酒等，同樣都是訂閱經濟。這樣的訂閱經濟在搭配數位科技之後，更方便消費者選擇產品與下單。

未來大概任何物品都能成為訂閱服務，不用時由業者代為保管，需要才拿出來，符合這種特性的商品都適合透過訂閱銷售，包括飲料與生鮮蔬菜等。民眾不必再持有過多物品，需要時取出必要分量，生活將更有效率。訂閱經濟將是潛力無窮的商業領域。

14　MZ 世代是千禧世代（Millennials）和 Z 世代的合稱，大約是一九八〇到二〇一〇年之間出生的年輕人。

07 明明只看過一次，廣告竟然一直跳出來

在購物網站上面猶豫要不要買，最後終於放入購物車的刮鬍刀，為何一直出現在 Google 和 Facebook ？甚至連智慧型手機上，免費遊戲 app 跳出的廣告也是同一個刮鬍刀，我的個人資料到底外洩到什麼程度？

網路廣告朝客製化發展

網路廣告的型態已經有過很多種變化。網頁上常看到的是長方形圖片，稱為橫幅廣告。進入 Naver 首頁，在上方與左右兩側會出現橫幅廣告，通常廣告特定公司的品牌或商品，也會介紹某種活動。另一種是搜尋廣告（search ads），也稱為關鍵字廣告，使用者在檢索窗格輸入關鍵字後，廣告與網址同時顯示在搜尋結果以假亂真，使用者一不小心就會以為是自己的搜尋結果，點進去看才發現是廣告。所以韓國公平交易委員會（Fair Trade Commission）在二〇一〇年代對網路廣告制定審查規範，要求業者的網路廣告必須明確標示廣告字樣，確保使用者能清楚分辨。

電腦網頁的橫幅廣告與搜尋廣告延續出現在行動裝置上，KakaoTalk 等即時通與社群軟體因為明確掌握個人喜好，發展出客製化廣告。業者不再千篇一律對所有人投放相同廣告內容，而是分析目標客群後，鎖定明確目標才投放廣告，且為了提高廣告的點閱率，業者還發展出對不同的人顯示不同的廣告內容。以 KakaoTalk 與社群軟體的廣告為例，呈現方式是發送通知，也就是以文字訊息傳遞。特別是 KakaoTalk，乾脆幫想打廣告的品牌或業者開闢通路，專門發送廣告性質的優惠票券與活動通知。

　　像前面提過的，網路廣告依照型態、目標對象、內容分類，在網頁與行動裝置的演進過程持續進行各種嘗試。至於分析廣告效果的詳細程度，則是網路廣告與大眾傳播媒體廣告的差異。網路可針對誰看到、看多少、是否點閱、是否購買、是否加入會員等，分析實際廣告效果。這種分析可做到非常即時，因此只要業主發現廣告效果變差，就能立刻調整廣告內容加強行銷。相形之下，報紙、雜誌、廣播、電視等廣告內容，一確定就不容易更改，分析廣告效果也較有限制。由於網路廣告相當便利，廣告主的滿意度提高，網路廣告市場也就逐漸擴大。

科技速學 ○

電子郵件廣告算垃圾信嗎？

網路廣告最早的型態是電子郵件。廣告主利用使用者在官網加入會員留下的電子信箱，以通知會員權益的名義，對所有會員寄發廣告信。這種廣告信在一天之內可多達數十封，使用者甚至必須仔細過濾，才不至於遺漏重要信件，後來才會將內容為廣告的電子郵件稱為垃圾信。

像跟蹤狂一樣，廣告如影隨形

　　為什麼瀏覽其他網站，還是看到相同的廣告？其實是因為，這幾個網站的橫幅廣告都由同一家公司負責，這種公司稱為媒體代理商（media representative）。媒體代理商取得廣告可刊登的版面後，對廣告主或廣告代理商進行銷售。因此，雖然使用者瀏覽不同網站、開啟不同 app，只要媒體

代理商是同一家，就會發生同一則廣告重複出現。

可是好像不只出現相同廣告，怎麼曾經在購物網站或其他檢索欄位搜尋過的公司、產品，相關廣告也一直出現？這是因為我們的搜尋紀錄儲存在瀏覽器 Cookie 上。假設使用者造訪某個網站，為了增進網站存取的資訊交換，瀏覽器會記錄簡單資訊，這種資訊稱為 Cookie。業者透過 Cookie 可知道使用者看過什麼網站、什麼頁面，投其所好持續投放廣告。

會一直覺得廣告跟著我跑，主要有兩項原因。第一，媒體代理商有權在我看的網頁與 app 刊登廣告。第二，業者利用我電腦上的 Cookie 得知我的喜好。以 Google 為例，Google 有 AdSense 廣告計畫與行動裝置廣告公司 AdMob，可以在各大網頁與行動裝置 app 取得廣告版面，投放詳細分析後的客製化廣告。Facebook 也是利用媒體代理商 Audience Network 刊登客製化廣告。

在 Naver 與 Daum 網頁不會發生客製化廣告一直出現，主要是因為媒體代理商沒取得可以投放廣告的位置。不過這兩個入口網站本身已經掌握使用者的偏好資訊，例如：看什麼新聞、加入哪些討論區等，可以利用這些資訊刊登客製化廣告。

數位時代精神領袖的勢力——數位稅

大部分免費網路服務業者，尤其是科技巨擘的主要營收，都會有一部分是網路廣告，像 Facebook、Google 這種跨國企業，就是在全世界收取龐大的廣告收入獲利。這些業者在全世界予取予求收取的廣告費，究竟有沒有誠實納稅？

二〇一九年 Kakao 營收為三兆八百九十八億韓元，二〇二〇年十月公司市值逼近三十一兆韓元。Kakao 每季都會公布營收、營業利益等營運資

訊，並且繳納稅金，負擔企業應有的社會責任。Google 韓國分公司（Google Korea）二〇一九年營收是多少呢？韓國行動裝置產業協會（Korea Mobile Internet Business Association）公布的資料顯示，二〇一九年 Google Play 商店營收約五兆九千九百九十六億韓元，尚未包含 YouTube 廣告營收與 Google AdSense 等營收。因此若將這些項目統統加總，Google 在韓國的營收可能比 Kakao 的兩倍還多，但是 Google 對韓國政府繳納的稅金不到兩百億韓元，相較於二〇一九年 Kakao 繳納九百二十四億韓元稅金，Google 顯然有逃稅嫌疑。後來歐盟、亞洲、中南美等國家開始注意這類提供跨國服務的網路業者，是否逃稅或取得不當利益，韓國也評估是否課徵數位稅。

　　數位平台業者對全世界銷售數位財貨與智慧財產權，利用無形資產獲利，沒有實體店面，伺服器也可以位在世界任何角落，不像擁有營業據點的企業，在實體店內產生營收，因此有機可乘。數位平台業者選擇稅率最低的國家或地區放置伺服器、成立公司，增加追蹤營業所得的複雜度，逃避特定國家的稅金徵收。實際上 Google、蘋果、Facebook 等全球知名科技大廠，就是利用「雙層愛爾蘭夾荷蘭三明治」（Double Irish Dutch Sandwich）的手法節稅。這個比喻中，三明治的上下兩塊麵包分別是一家設在愛爾蘭的實體子公司，與一家總部設在免稅天堂的空殼公司，夾心則是設在荷蘭的空殼公司，利潤在這三家公司之間移轉，依照各國稅率不同與規範漏洞、特例，規避大額稅賦。

　　舉例來說，Google 將韓國使用者在 Google Play 商店購買的金額算在 Google 亞太分公司（Google Asia Pacific）帳上，假裝 Google 韓國分公司與這筆銷售無關、沒有獲利，就不必對韓國繳稅，不過卻要對 Google 亞太分公司的登記地——新加坡政府，繳交韓國營收的一七％作為公司稅。然後，Google 亞太分公司對 Google 荷蘭分公司（Google Netherlands）支付獲利的權利金，Google 荷蘭分公司再次以權利金的名目，對美國 Google 總公司設

立的 Google 愛爾蘭控股公司（Google Ireland Holdings）支付款項。Google 將營業所得在多個國家之間轉來轉去，取巧節稅以追求極大獲利。

這樣的問題並非存在一兩天，亞馬遜、星巴克、甲骨文（Oracle）等許多跨國企業，都是以這種手法避稅。截至二〇一二年，星巴克在英國營業十五年間，營收高達三十四億英鎊，但繳給英國的稅金不到〇‧二％，一直對設立在荷蘭的歐洲總部繳交權利金避稅。直到二〇一四年星巴克才對英國繳交一百七十億韓元的公司稅，並將歐洲總部遷到倫敦。二〇一七年韓國政府對甲骨文追繳公司稅三千一百四十七億韓元，屬於七年內獲利兩兆韓元漏繳的稅金。當時甲骨文對韓國企業銷售軟體的營收，有絕大部分列在愛爾蘭分公司帳上。類似的問題層出不窮，二〇一八年以網路為基礎的平台業者營收逐漸成長，產業以數位科技創新之名，濫用節稅的個案增加，各國政府的稅收不增反減，問題才在世界各國浮上檯面。

利用在國際之間移轉所得避稅的行為稱為稅基侵蝕及利潤移轉（BEPS，Base Erosion and Profit Shifting）。第四次工業革命與數位轉型讓資通訊產業與知識服務的規模擴大，各國開始制定相關規範，對跨國企業的避稅行為積極應對。因為站在資通訊業者的立場雖然是節稅，國家的稅收機關是面對逃漏稅。

二〇一四年美國經濟學與社會學者傑瑞米‧里夫金（Jeremy Rifkin）的《物聯網革命：共享經濟與零邊際成本社會的崛起》（The Zero Marginal Cost Society）書中提到，數位科技使生產力提高，業者將可用更低的價格，對全世界的消費者提供產品與服務；有愈來愈多產品將透過網路交易，業者達到生產力極大化後，生產與配銷邊際成本為零的社會將可實現，屆時必須有新的制度與社會價值。也就是說，數位世界被以不同於傳統社會的常識與概念規範，傳統的社會法令與教條無法完全適用於數位社會，有可能是一項惡法或枷鎖，在數位社會發揮不了作用。

　　猶如企業避稅是因為各國傳統稅法制度存在限制，目前各國立法機構與國際組織，已開始針對這些漏洞重新修法，其中歐盟的動作最為積極。歐盟欲對 GAFA：Google、蘋果、Facebook、亞馬遜這幾家網路業者課徵數位服務稅，也稱為「Google 稅」，由歐盟各國歸納協議案共同應對。只是各國之間的利害關係存在衝突與矛盾，不容易達成協議。反對聲浪最高的國家可想而知，是被 Google 作為避稅跳板的愛爾蘭、荷蘭、盧森堡等國。加上 GAFA 業者都是美國企業，美國也是強烈反彈，劍拔弩張儼然像要引爆另一場貿易戰。

　　情況演變至此，歐盟暫時保留推動協議，不過二〇一九年七月法國、二〇二〇年一月義大利與奧地利、同年四月英國、六月捷克，已自行通過數位服務法令並且實施。例如：對全球營收達五億歐元、本國營收達二千五百萬歐元的業者，法國課稅三％、捷克課稅七％。經濟合作暨發展組織（OECD）也決定在二〇二一年底前，針對數位服務訂出國際協議。此外，經濟合作暨發展組織欲課稅的領域除了資通訊服務業以外，製造業也被納入考量，擬強制徵收一定水準的稅金。未來資通訊業者的避稅情況應會減少。

　　相較於傳統製造業的平均公司稅率約二三％，利用跨國平台銷售並取得穩定獲利的資通訊公司稅率僅一〇％，課稅上明顯有缺失。因此歐盟、經濟合作暨發展組織欲推動新稅制應屬合理。不過若課徵太多數位稅，業者可能將稅金轉嫁給消費者，演變成雙重課稅問題。數位稅是跨國資通訊業者在特定國家，以線上交易營利應繳的稅，不過就算該業者已經在自己的國家繳過公司稅，還要在海外國家繳稅，也是形成雙重課稅。所以，雖然應該對資通訊企業的避稅、稅率過低提出質疑，不過就現行國際規範來看，也要考慮是否加重課稅的問題。

　　Google 在二〇一九年十二月三十一日修改全球分公司政策，放棄先前利用權利金轉匯，遊走於灰色地帶累積的獲利，宣布將知識財產權集中在美

國，讓獲利計算在美國，向美國政府繳稅。最近歐洲國家撤除課徵 Google 稅的名分，可能是屈服在美國宣布採行懲罰性關稅的結果。Facebook 為了提高財務透明，從二〇一九年起，依照國家分類統計廣告收入，並且對當地稅務機關申報，展現平息課稅紛擾的誠意。至於亞馬遜，二〇一七年與義大利政府達成協議，同意補繳一億歐元稅金；蘋果也在二〇一八年決定對愛爾蘭政府補繳一百三十億歐元稅金。面對國際機構與各國政府接連提出數位服務稅與逃稅問題，網路平台業者宣示透明經營的決心，積極公開企業資訊。

大部分網路平台業者以廣告收入為主，規模以全世界為對象。依照平台服務的特性，只要使用者離開，平台就會失去競爭力，像一盤散沙，影響力瞬間消失，這個道理對亞馬遜、Google、Facebook、蘋果也適用。因此，企業形象是這些業者追求永續發展的核心要項。這也說明為何業者利用廣告賺錢，但是不會過度濫用使用者的個人資訊。業者必須在維持品牌形象與公司治理之間取得平衡點，蘋果與 Google 都在個人資訊的使用上努力制定適當規範。換句話說，如果這些跨國平台業者在某個國家沒對營業誠實納稅，也不公布營收與獲利財報，相信其他國家的消費者不會對平台有好印象。網路業者為了追求永續經營，願意面對課稅問題，展現認同社會價值的積極態度。從使用者身上賺來的錢，應該以稅金的方式回饋社會，資通訊業者應該要意識到這個道理，並且負起應有責任。

第**2**章

改變工作場所的科技

三十年前的辦公桌上，有成堆的文件、尺、鉛筆、橡皮擦與計算機，辦公室一隅有電話機、傳真機與影印機。三十年後的現在，筆記型電腦與多功能事務機取代了這些用品，不會用電腦或不會上網的人根本無法辦公。萬一辦公室停電造成網路斷線，所有工作都會停擺。電腦是現在公司裡重要的事務用品，先進的資通訊雲端、AI、資料分析套件等各種軟體只是工具，一切得看使用這些工具的人能將功用發揮到何種程度。萬一不會使用這些軟體，有可能被殘酷的職場淘汰。因此若要充分發揮個人擁有的能力，必須會使用軟體。在職場上，懂得善用數位科技，絕對能幫自己加分，展現更多成果，不過要對這些新工具上手，必須自己投資學習。從公司的角度來看，依照導入新系統的必要性與投資情況，通常會伴隨組織重整。職場上的工作方式改變，有機會帶來更高績效與創新。

08 Slack與Dropbox主導的智慧辦公

　　智慧型手機普遍之後，「智慧」一詞被一窩蜂地使用。智慧電視、智慧人才、智慧辦公（smart work）等，到處都能看到智慧二字。智慧型手機讓生活多姿多采，電腦讓人處理更多事情。智慧型手機比一般手機有更高生產力，使用層面更廣，讓人不論何時何地皆能進行運算。智慧型人才其實也像智慧型手機一樣，指生產力高的人才。接下來一起來看看，像智慧型手機一樣的人才該具備哪些能力、何種能量，智慧辦公的行動方案又有哪些。

想成為智慧型人才？

　　公司期待的人才是動作比別人快、有更好績效、並且有穩定高生產力的員工。想成為這種人的最好辦法，就是認真勤勞、聰明伶俐地做事，為何我們做不到？跑馬拉松只要堅持不放棄，跑得比別人快就行。為何明知這個道理，我們卻做不到？

　　因為我們的能力根本不夠，或者就算能力夠，依然欠缺必勝的使命感，沒有全力以赴去做。這樣若想完成公司交辦的事，到底該怎麼做？最好的辦法是讓這件事情變成想做的事。也就是說，如果面對自己想做的事，自然會變成一定要做好的事，保持這種信念就能把事情做好。

　　智慧辦公必須從選擇自己真正喜歡的事、最享受的事開始。要享受這件事，做的時候才會傾注熱情，接著轉化為能力與能量。抱持這種做事態度，自然就能有智慧地把事情做好，具備符合公司期待的態度與能量，成為智慧型人才。

科技速學

尋找自己喜歡的事

談起智慧辦公，對事的真誠喜愛，遠比誇大的方法論及特殊工具重要。選擇自己真正想從事的職業、做自己想做的事，就是智慧辦公的起點。智慧辦公必須在想做的事、能做的事與一定要做的事，這三件事情一致時才能達成。要讓這三件事一致的第一步，就是尋找想做的事。

現在你工作的地方、負責的業務，是否是你真正喜歡的事？你現在享受這件事嗎？如果想利用智慧辦公成為智慧型人才，一定要先從這個問題開始找答案。

不夠聰明伶俐也沒關係，
有智慧型工具與認真勤勉的工作態度更重要

在《伊索寓言》〈龜兔賽跑〉的故事裡，兔子雖然擁有天賦，但缺乏勤勉不懈的態度，最後還是輸給烏龜。在職場打滾多年以後，自然會從工作中累積經驗與能力，不過並非每一位上班族在相同時間，都能累積一樣的能力。而且就算兩個人真的擁有一樣能力，面對工作也還是會有不同領悟。

我們會在職場生活中接觸各種資訊，包括從公司成立以來，一點一滴累積的珍貴資料，以及同事整理好的資料，這些資料會在腦中重新整理，慢慢累積成自己的知識。因為獲得這些知識，能更有效率的處理業務，工作速度也會加快。當知識累積成內涵後，我們會變得更有智慧，在重要時刻做出正確判斷。辦公室裡工作經驗超過十年的主管，都累積了無數的工作經驗與智

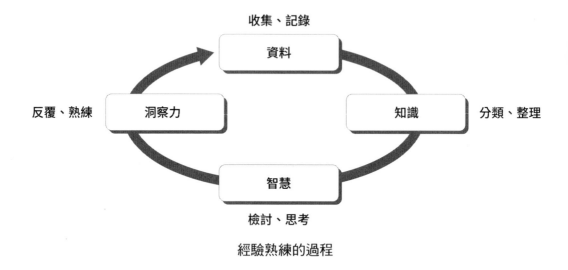

經驗熟練的過程

慧。當這些工作經驗與智慧熟練時，我們就會具備看透事情的洞察力，得以預測風險、預估未來趨勢。由於可以預測市場動向，也就能事先制定行動計畫，找出具有發展性的成長動力。

經由這種過程可累積達成智慧辦公的能力，上班族的願望大概是期待將這個過程縮短，欲達成這個願望則必須使用能縮短時間的工具，本身也必須勤勉。倘若原本就有天分或身邊有貴人相助，一切會更事半功倍，只是這種機會不是人人都有。因此若有適當的工具搭配勤勉的態度，還是足以實現智慧辦公，大幅提高成為智慧型人才的機率。

工具進步，開啟智慧辦公時代

人類與動物最大的差異是懂得使用工具。人類文明的進化總是伴隨著工具進步。經歷過石器時代、青銅器時代、鐵器時代，人類會用的工具愈來愈多，威力也愈來愈強。之後又有工業革命與能源的使用，人類利用引擎產生

更強大的威力，文明又進一步。一九九〇年代電腦問世，二〇〇〇年代高速網路普及，數位革命讓生活與工作更便利。現代社會若停電或網路斷線，電腦設備與網路都無法使用，公司業務將會停擺，由此可知工具的重要性。

　　智慧辦公之中，工具就像潤滑劑，可使工作速度加快，生產力提升。工作態度與能力雖然重要，但在相同條件下，依照不同工具的使用，會讓生產力與效率出現差異。積極使用文明的利器，才容易做到智慧辦公，科技發展造就許多數位裝置問世，這些裝置有助於更智慧地處理事務。

　　務必切記，科技與工具只是達成智慧辦公的手段，絕對不是目的，千萬不可陷入科技本身，必須專注於利用該科技達成原定目標。換句話說，當事人對智慧辦公秉持的心態，比具體行動方案或工具都還重要。第一步如果走對，接下來就容易達到智慧辦公。

科技速學 ●

智慧辦公的五種工具

以下介紹有助於智慧辦公的五種工具：

① MindNode、SimpleMind：心智圖工具，可將腦中的思路做組織性的整理。

② Google 文件、微軟 Office 365：用在共同編輯或分享 Word、Excel、PowerPoint 等文書檔案。

③ Slack、Jandi：企業用通訊軟體，在小組成員交換業務資訊、資料分享或合作時有用。

④ Dropbox、OneDrive：便於在雲端儲存文件、資料分享。

⑤ Evernote、OneNote：簡單留言備註，便於在各種裝置察看。

數位裝置與軟體每年都推出新機種、新版本，只是科技進步，人類不見得也同時進步。必須熟悉將科技當作工具使用，我們才會一起進步。如同石器時代與鐵器時代的差異是採用不同材料製造工具，擅長用鐵的族群與停留在石器時代的族群競爭，結果可想而知，如何使用工具決定了人類的文明。若要在數位時代智慧辦公，一定要熟悉數位裝置與軟體，才能利用有助於工作的軟體提高生產力，以較短時間獲得績效。

09 飯店與計程車生意，由Airbnb與Uber來做

　　網路業者的商業模式與原本相比，最大差異在網路業者把免費當作基本。以 Naver、Kakao、YouTube、Tmap 為例，大部分功能都是免費。若把 Naver 的新聞、Kakao 的訊息、YouTube 的網路電視直播（IPTV）、Tmap 的導航功能拿出來和以前做比較，更會發現以前的業者都要收費。網路業者重新定義商業行為，瓦解原本的價值鏈，開闢新的商業模式賺錢。因此必須知道網路業者的商業模式，才能理解數位商業行為。

平台如何一躍而起？

　　平台具有雙邊市場（two-sided market）的特性，可連結兩端，讓雙方進行價值交換。電視、廣播、報紙、雜誌這些傳統大眾傳播媒體，內容的生產與銷售由媒體業者負責，屬於單邊市場（one-sided market）。YouTube、Podcast、部落格等媒體的內容提供者與網路媒體平台的營運者又不同。平台業者專注於提供場所，讓內容提供者與讀者方便交易，創造價值。舉例來說，YouTube 的經營者是 Google，Google 利用 YouTube 讓影片提供者與收看影片的消費者透過電腦、智慧型手機、平板電腦、電子郵件、部落格、Facebook、KakaoTalk 等各種方式，更快收看到高畫質影像。Google 甚至開發影片字幕、翻譯、投票、留言等功能創造新價值，讓兩邊使用者有更豐富的價值交換。相較於單邊市場業者，Google 用完全不同的願景、策略，開發與運作平台。除了 YouTube 之外，KakaoTalk、AND、Facebook、Instagram、艾菲卡直播（AfreecaTV）等，也都是代表性的平台業者。

　　平台業者因為電腦網頁、智慧型手機等行動裝置問世開始受到關注，並以不同於傳統製造業者的商業模式、事業策略快速成長。現在除了經營網路服務的科技業者之外，製造業、通訊業、媒體業、廣告業、金融業等傳統產業也應該加入平台競爭，爭取主導權。不過在智慧型手機之後，接著出現了物聯網、大數據與人工智慧，平台市場的格局正在產生劇變。

　　傳統平台由「內容―平台―網路―裝置」構成，簡稱 CPND（contents、platform、network、device），例如：「入口網站―網頁―高速網路―電腦」、「app―Play 商店―4G LTE―智慧型手機」等，有媒體內容、中繼的網頁或 app、通訊網路及硬體設備。但是進入物聯網時代，有更多硬體設備與網路連線，這些裝置比以前產生更多資料。當資料遇上深度學習、機器學習技術，發展出人工智慧技術，增加平台的複雜度。亦即，裝置結合軟體為使用者創造新價值，這個過程不斷累積資料，逐漸形成新的平台。

　　配有感測器的空氣清淨機可利用智慧型手機的 app 或官網操作介面，偵測家中空氣污染程度、察看機器使用狀態，並且依照不同特性的每個家庭收集資料，再以資料為基礎提供使用者最佳服務。由於人工智慧利用累積的資料不斷學習，使服務愈來愈好，這時假設業者累積的資料量足夠，能與其他裝置的資料做交叉分析，便能創造新的價值。這個價值不但能帶給使用者更好的使用體驗，也能成為業者開發新商業模式的機會。業者可利用硬體與軟體的結合取得顧客資訊，持續開發新平台。搶先占領平台的競爭正在傳統製造業者、科技服務業者、電信公司與新創企業之間持續發酵。

　　面對新平台的競爭，可從 CPND 做調整，重新定義平台的構成為「資料―平台―軟體―裝置」（DPSD，data、platform、software、device）。不過，除了這兩種構成形式之外，平台正在朝更複雜的方向發展，例如：不從屬於硬體，可遊走在各種裝置之間，扮演中繼通路的服務平台。以 Netflix

為例，與 YouTube 同為最具代表性的影片收看平台，就是遊走在個人電腦、平板電腦、電視、智慧型手機的影片服務中繼角色。

以 TED 為例，透過 YouTube、自家官網、亞馬遜 Echo 等 AI 音響，以中繼角色提供教育影片服務，在平台市場占有一席之地。未來 MBC 的電視節目不一定要在韓國無線電視第 11 號頻道收看，有可能在 YouTube、壁掛式顯示器、洗手間的梳妝鏡、虛擬實境（VR）與擴增實境（AR）眼鏡等各種顯示裝置都能收看。網路媒體時代將會發生典範轉移，媒體內容跳脫裝置，不再從屬於特定硬體，只要使用者想觀賞就能立刻播放收看，邁向服務平台時代。原本的媒體業者、節目製作業者與網路服務業者，將在這個領域展開激烈競爭。

以 AI 為基礎的平台也值得注意。雖然 AI 是從音響開始，不過現在聲音介面的控制技術已經應用到汽車、電視、家電產品等各種裝置，除了硬體，也存在於軟體，逐漸成為具有影響力的平台。不久的將來，無論我們身在何處，只要說出呼叫 AI 的特定指令，立刻就能啟動想要的功能，手上不必持有任何裝置，也不用特別安裝軟體。

這些新興的資通訊典範轉移將讓平台市場的競爭格局變得複雜，圍繞在這個區塊的競爭也會愈來愈激烈。

科技速學 ○

平台商業的趨勢

從事平台商業活動不再是資通訊業者的專利，所有產業領域都開始將平台商業當作發展事業創新的商業模型。以製造業為例，業者跳脫製造出產品再銷售的傳統形式，反而以中繼角色經營平台事業，將其他業者的產品介紹給消費者。以小米為例，推出 Mi app，利用雲端與智

慧型手機連線，使用者能透過 Mi app 操作其他公司的裝置。因為中小企業必須有足夠財力，才能自主研發手機 app，擁有自己的雲端，加上每個業者如果都推出自己的 app，消費者要安裝的 app 太多，使用上也不見得方便。小米基於前述考量，推出以雲端及 app 為基礎的製造業平台服務。目前除了小米之外，亞馬遜與 Google 也都有針對製造業推出平台服務。

維繫顧客關係是關鍵

　　由於被稱作顧客接觸點的通路減少，許多業者出現危機。為何報社、廣播公司、零售業者、銀行的影響力不如以往？這些業者被誰取代？答案正是可以靈活運用線上通路的資通訊平台業者、在 YouTube 與社群網站擁有影響力的個人，以及自主開關顧客通路，不經過中間人轉手，直接與顧客接觸的製造業者與小型零售業者。

　　許多在 Instagram 或微信擁有眾多追隨者的網路紅人，自己經營一人公司，在網路上介紹、銷售商品。曾經有網路紅人說，自己一天的生活就是介紹化妝品、枕頭、洋裝、鞋子等各式各樣產品，有時也會開網路賣場，將這些商品包裝得很有故事性，推出限量銷售、團購優惠等行銷活動，強調產品是直接與工廠接洽、到國外拜會工廠老闆的絕對獨家，與實體商店或經銷商有所不同。網路紅人用這種方式吸引追隨者，一張照片或一段影片就讓人為之瘋狂，願意掏錢購買。

　　D2C 是 Direct to Consumer 的縮寫，代表業者與消費者直接見面交易。在線下世界，大品牌有系統的管理與顧客見面的窗口，但在線上世界，線下市場的策略行不通，競爭格局也完全不同，作法必須全面修正。線下業者因

為反應速度太慢而陷入泥淖，結果無法輕易脫困。

　　線上比線下混雜著更龐大的通路，例如：網頁、app、Facebook、KakaoTalk 等，有的是自己架設網頁運作，有的是與其他通路合作在裡面銷售。先前以線下銷售為主的業者對線上通路認識不夠，不知道應該何時、如何建立適合通路，因此無法有系統的制定策略。這些業者當然也不知道該自己建立線上通路，還是與其他通路合作，或者乾脆所有通路多管齊下。而且就算業者制定好通路策略，面對資通訊市場瞬息萬變，若無法妥善開發通路與經營，缺乏有系統的應變方案，多數情況還是失敗。

　　傳統業者以眾多線下據點為基礎，曾經擁有顧客接觸點的優勢，但後來顧客轉往線上消費，業者逐漸流失客源。雖然這是二十年前網頁出現時就已經預告的事，相隔這麼久的時間，為何業者還是無法應對？關鍵還是在於業者長期從事線下銷售生意，疏於認識線上銷售，缺乏相關能量。不論在開發線上通路、與其他通路或平台策略合作、規劃線上與線下的連結等，業者都未即時定義。加上線上通路的變化速度遠超乎線下想像，業者卻沒有概念，只用原本的步調因應改變，才讓危機大到無法收拾。

　　相反的，熟悉線上生意與數位技術的科技業者、新創企業與個人，不但能跟得上改變，還有新創意。傳統線下業者因為無法看透潛在競爭者的策略，找不到應對方案，只能眼睜睜地坐以待斃。不過，還是有為了直接與顧客接觸，試著了解科技、運用數位的傳統業者。擁有生產面能量與品牌知名度的企業，對線上通路進行投資，一方面取得顧客資訊，一方面推動不同於以往的發展策略。如今有愈來愈多傳統線下業者重新整頓價值鏈，積極銜接數位科技，嘗試創新，不再被線上業者的攻勢緊逼。因為如果不努力改變，最後只能等著被淘汰。

　　失去顧客接觸點就無法接觸顧客。如果缺乏能與顧客建立關係的通路，就會淪為擁有接觸點的零售網路從屬角色。利用網路線上擁有顧客接觸點的

新零售通路,以數位資料作為基礎,分析顧客,發展事業與服務。在這個過程中,有機會加強經營顧客接觸點,因而取得更多顧客,並且提高顧客忠誠度。這樣的結果必須歸功於資通訊平台發展,透過資通訊平台擴張商業模式則是平台商業的特徵。應仔細思考產業裡新出現的顧客接觸點為何、適合的新平台又是什麼、面對競爭該秉持什麼競爭策略,這就是所謂的平台策略。

不分領域的創新

　　新冠肺炎疫情不僅改變民眾的日常生活,企業的命運與生存策略也不斷改變。特別是在疫情之中挺過危機的傳統產業,更深刻體認改變的必要。所有企業都在喊著要創新,最具代表性的創新方法論是「數位轉型」(digital transformation),將數位科技應用在改良產品或製造程序,以及公司經營的所有面向,藉此降低成本或提高運作效率。

　　先前數位轉型被認為是資通訊業者的專屬,因為亞馬遜、Google、Facebook、Naver、Kakao、Coupang等業者,都運用科技在線上事業取得顯著績效。這些業者在零售、行銷、製造、交通等傳統產業領域,都利用線上服務提供新的顧客價值,擴張事業版圖,正所謂將科技當作武器達到創新。反觀對線上服務、網路商業、數位科技沒那麼熟悉的傳統產業元老,雖然知道數位轉型的重要性,但改變的腳步太慢。

　　為何傳統企業的數位轉型成效無法令人滿意?不能全部怪罪業者對科技欠缺理解或科技能量不足,也有一部分是公司內部對推動數位轉型的目的、方法缺乏認同感,經營團隊、員工、推動小組與基層的目標不一致。由於各自的期望不同,且理想與現實有差異,讓推動過程出現雜音,績效評估的標準也會因為立場不同難有共識。加上推動數位轉型有一半以上牽扯科技,若對科技認知不足、內化的技術能量不夠,就得對外求助。這時容易因為投資

過多或錯誤決策，必須從錯誤中求取教訓。但公司面對這種情況通常不認為應該當作繳學費學經驗，反而怪罪推動小組辦事不力。

　　數位轉型的目的大致可分為兩種。一種是維持原本的事業與產品，僅消除公司內部缺乏效率的問題，進而節省營運成本，並且利用科技改善公司營運流程。這種數位轉型主要用在提升工廠產線良率與營業效率，降低庫存、減少製造程序發生的浪費。另一種是開發新產品或改善服務的商業模式改變，大都用在吸引新顧客，因此會推出新產品或進軍新事業。業者透過對顧客提供新的價值，進而提高公司業績。

　　第一種數位轉型的代表案例有傳統製造、能源、零售業的生產工廠，在產品製造過程導入大數據分析或自動化機器人技術，便可在原本的製造流程提高生產效率。第二種數位轉型的代表案例有亞馬遜與特斯拉。亞馬遜原本是發展電子商務起家，後來推出雲端運算服務 AWS（Amazon Web Services），以及利用 Alexa 與 Echo 提供的 AI 功能，從零售業往雲端、AI 多角化發展。特斯拉將自動駕駛 AI 導入汽車，為車主帶來有別於傳統汽車的駕車體驗，另外也往能源、多媒體播放裝置等方向多角化，彷彿將汽車當成智慧型手機，作為開發各種新功能的創新工具。

　　不熟悉數位科技的業者若要成功推動數位轉型，有三項原則必須注意。

　　首先，明確提出希望藉由數位轉型達到的目標，並且讓全公司上下都有同感。必須定義「為什麼」（why），讓推動小組、基層與公司內部全體員工都了解為何推動數位轉型，有共同的使命感。

　　第二，訂出包含日期與目標的里程碑（milestone），配合進度、時程設定投資規模，將要做「什麼」（what）具體化，制定符合預期成果的投資計畫。

　　第三，成立推動小組，對技術內化、技術外包或建置基礎設施等進行規劃。亦即必須有專業技術人員與能量，才能決定「如何」（how）設計規

劃。

　　除了負責推動數位轉型的部門,也要與基層溝通,讓大家了解數位轉型推動過程發生的錯誤與經驗,由此學習教訓,同時也要認識用來推動轉型的數位科技,讓大家一起學習,才能在全公司打下基礎,藉由數位科技提高工作效率。切記,數位轉型絕對不是公司裡的特定部門才能做,任何事業領域都應採用適當的數位科技,擁有數位化能量,這才是公司達到永續發展的秘訣。

科技速學 ●

推動數位轉型之前應考慮的事

數位只是應用在商業模式創新的工具,本身並非目的。亦即,推動數位轉型的重點不是取得、擁有這項數位科技,將數位用在企業的商業模式創新、提高績效才是核心。必須定義商業模式創新能對客戶提供何種改善、如何提高商業價值、如何提高生產效率,這才是真正目的。數位科技如果在達成目的的過程有適當發揮角色,才可算是成功的數位轉型。欲成功推動數位轉型務必牢記下列三點:

一、定義商業模式創新的目的。

二、定義達成目的必須採行的數位科技與應用方式。

三、利用數位科技達成商業模式創新的過程,組織文化必須全面革
　　新。

如果希望透過數位變革追求的事業願景廣泛擴散,必須更跳脫既有框架,在全公司上下改變老舊文化、拋棄舊習性、打破部門的垂直架構與決策程序,建立以數位資料及基層實務為主,並且以顧客價值為基礎的新文化。

平台商業可用在傳統產業領域，作為商業模式創新的工具。以 Airbnb 與 Uber 為例，Airbnb 挑戰全球飯店住宿業，卻不進行房地產投資，Uber 在交通市場創新，也沒擁有計程車，這兩家業者卻能在住宿與交通產業做起全球生意。宅配的民族也是，在餐飲外送產業利用平台創新，甚至進軍東南亞市場，擴大事業版圖。因此，從平台商業的角度思考企業的商業模式創新，應該能激發完全不同於原本事業策略或商業模式的創意構想。若從顧客的角度來看，而非沈浸於舊有慣性的事業結構，應該就會看見目前事業、產品與服務面臨的限制，具有提供更高顧客價值的視野。

10 因為疫情，
猛踩油門的數位轉型

　　新冠肺炎疫情對人們的日常生活帶來變化，更讓網路商業活動獲得發展機會。民眾因為無法出門，在家吃飯、工作、上課、休閒娛樂，在這些領域提供網路服務的業者相對獲利。這個現象稱為零接觸（untact）商業，最近也被稱作線上接觸（ontact）🅯 商業。

哪些企業因為疫情得救？

　　Netflix、暴雪娛樂（Blizzard Entertainment）、Zoom 是疫情之下營運逆勢成長的代表性企業。Netflix 提供用戶在家線上收看全世界的電影與影集，暴雪娛樂推出《星海爭霸》（StarCraft）、《鬥陣特攻》（Overwatch）等線上遊戲，Zoom 的軟體支援遠距線上會議。疫情讓大家不論工作或吃喝玩樂都在家解決，線上服務大受關注，這些業者的市值在疫情之後也大幅成長。此外，民眾上網的時間拉長，提供網路服務的業者也因此獲利，例如：Facebook 與亞馬遜。被迫強制居家隔離的民眾，孤單的心情只能藉著上網對外抒發，增加 Facebook 服務流量，大部分經濟活動也是在家進行，亞馬遜這類購物網站的訂單更是暴量成長。其他與網路服務有關的 Google 與微軟等業者也都像撿到機會一樣。這一連串現象反應在業者的股價，在韓國因疫情獲利的業者有 Coupang、Market Kurly、宅配的民族等電子商務與外送企

15　ontact service 是韓國近年的新造語，原先是在 contact 前面加上「un」這個表示否定的英文字首來表示「非接觸性」的活動和服務，但其後為了衍生解釋非接觸性的「線上」（online）活動或服務，因此將字首改為「online」的字首「on」，主要表示線上且非接觸性的活動或服務。

業。

　　不過，面對疫情並非所有資通訊業者的營運都亮綠燈。主打共享經濟的Uber、Socar、Airbnb，以及航空與旅遊業者都是哀鴻遍野。飯店業者、航空公司、百貨公司、能源業者的股價腰斬，堪稱面對前所未有的危機。

　　在新冠肺炎治療藥物與疫苗問世之前，宅經濟（home economic）將在經濟社會成為重要典範。疫情結束之後，生活方式能否回到過去？民眾突然接觸到蜂擁而來的線上服務，雖然有點逼不得已，好像也是滿方便的，習慣養成之後，難保不會打消想恢復以往生活的念頭。相信有許多人因為這場瘟疫，第一次使用線上服務，原本的輕度使用者變成更頻繁使用，體會到從前沒有的方便性與優點。從這個角度來看，線上商業的影響力很可能會持續下去。宅經濟創造的線上商業行為以傳統產業與中小企業為中心展開，後續數位轉型的速度還會加快。

　　建立在零接觸服務的商業需求逐漸增加，所有企業都應該以線上為基礎，重新定義事業創新。此時，各產業領域應思考如何對顧客提供零接觸的服務。疫情造成百貨公司與銀行的來客數減少，零接觸的購物與金融服務該如何準備、該如運用已經存在的線下據點、如何調整線下運作的組織與人力等，業者都該事先研擬方案。

　　健身中心、護膚中心的來客數同樣因為疫情減少，但民眾依然有健身、美容方面的需求，業者應該想辦法提供零接觸的服務，像是利用YouTube、Zoom等線上影片或線上對談銷售商品。美妝業者建議利用線上提供相關資訊，持續與顧客互動，加強維護顧客關係，甚至可考慮將健康或美容用品宅配到府的訂閱經濟模式。零接觸商業的核心在持續維持顧客關係與信賴，因此應考慮類似訂閱經濟的商業模式。

　　疫情除了帶來零接觸的社會風氣，線上接觸的生活方式則對Uber的車輛共享服務帶來打擊，使共享經濟陷入危機。所幸Uber除了載客生意之

外，也有類似宅配的民族提供餐飲外送。零接觸是餐飲外送市場發展的推手，讓 Uber Eats 成為 Uber 的救星。

　　疫情讓市場的不確定性提高，相對於擁有實體店面的生意經營，以無形資產為基礎、較有彈性的業者更能因應改變。舉例來說，疫情爆發後，Naver 與 Kakao 的公司市值超越現代汽車（Hyundai Motor）、浦項鋼鐵（POSCO），由此可窺知以無形資產發展的線上銷售前景較佳。此外，商業模式因市場需求改變，企業也因為發展零接觸商業產生改變，管理各種變化的重要性提升。業者不應固守既有的資產與商業模式，應對資產重新評估，在公司發展的各個領域都應積極嘗試創新。

　　特別是以線下為基礎的傳統業者，若以線上為主重新建立商業模式，反而有機會化危機為轉機。例如：將既有資產、顧客接觸點、商業模式移轉到線上，說不定能開闢新客源，開發新產品，制定更有效率的行銷政策，改善原本事業發展的效率低落。推動線上商業的過程，免不了要進行數位轉型，這時並非只是將產品放在網路上賣，利用網路基礎開發產品，還必須對數位化深入企業內部、業務流程、系統與組織文化造成的變化加以管理。這個過程就是數位轉型，新冠肺炎疫情帶來的市場變化，促使傳統企業的數位轉型加快。

科技速學 ○

推動數位轉型最重要的事

顧客在網頁與 app 停留的時間增加，加上疫情不退，市場上的數位發展愈來愈廣。現在企業推動數位轉型不是為了成長，已經變成求生存的宿命。這麼說，在推動數位轉型的過程什麼事最重要？是策略嗎？還是商業模式？難道是科技？其實都不對，答案是組織文化。若要彈

性、敏捷、富挑戰性地推動數位轉型，必須要有組織文化作為後盾，才能達到效果。要讓這種文化在公司裡扎根，必須要有相對的數位化領導力，以及一起努力推行的同事。

維持社交距離產生疏離感，自己在家找樂子

遊樂不管對人或動物，都是刺激腦部發展的重要活動，尤其對發育中的小孩，有助於成長與培養社交能力。新冠肺炎疫情讓學生在家遠距聽講的時間一再拉長，就連原本不喜歡上學的孩子，因為想跟同齡朋友一起玩耍，也開始想到學校上課。上班族的居家上班同樣不斷延長，大人也懷念起與同事一起喝杯咖啡閒聊幾句、每到吃飯時間就問：「中午要吃什麼？」並肩走在路上談笑的日子。

就像聖經所說的「叩門，就給你開門」，因為無法直接跟朋友見面，出現了利用網路與朋友聯絡感情的解套方法。沒辦法上電影院，看 Netflix 雖然是不錯的替代方案，但是和朋友一起邊吃爆米花邊看電影的感動，是線上電影院無法給予的。不過如果是用 Netflix Party，情況又會不同。Netflix Party 能跟朋友看同一部電影，並且在上面即刻留言分享心得。

一群人一起到網路咖啡廳打電玩的經驗，現在也可以各自在家連線同一台伺服器，利用 Discord 的遊戲專用聊天功能，你一言我一語的分享心得，重現一起打電動的樂趣。跟離線時的閒聊相比，有時線上聊天打屁更有趣。開啟聊天室的人有管理權限，可以將特定對象的麥克風關成靜音，聊天室成員也可以取特別暱稱、更換大頭照，故意惡搞嬉鬧。這種離線做不到的玩法只有線上可以。

文字接龍也可以線上玩，反而比離線時更精確，有更多樂趣。因為線上

遊戲利用收錄在國語辭典的標準用字作為判別基礎，任何人都無法提出異議，且漫畫名稱、公司名稱、明星等各種主題，也都能當作文字接龍遊戲。就像線上購物提供消費者在線下消費感受不到的方便性，線上遊戲一樣為玩家帶來離線時沒有的另一種樂趣。

《當個創世神》（Minecraft）遊戲裡，玩家可以利用方塊和道具建造各種建築物、結交朋友，也能在裡面玩各種桌遊，創下電子遊戲最高銷售量，獲得最成功的獨立遊戲（indie game）評價。疫情之後人們無法經常見面，波蘭政府為學生在這款遊戲內新增一個教育用伺服器，學生只要進入名為Grarantanna 的網站，就能像在玩遊戲一樣自修學習、與朋友見面聊天。二〇一四年丹麥政府在這款遊戲內，利用四兆個方塊，建造出比例尺為一比一的丹麥國土，重現都市與街道，讓玩家彷彿置身丹麥。

像這樣有線上解悶的遊戲，衍生出明星偶像的線上見面會與簽名會、無觀眾棒球賽等。偶像明星透過現場直播與擁護者見面聊天，當下簽名之後，再用郵寄將該簽名寄出。棒球場的觀眾席雖然空無一人，球迷可上網留言加油，相關字句顯示在球場的電子看板，球迷的加油聲音也可以透過麥克風收音，傳輸到球場的播音設備，讓球員感受球迷的支持。先前 V LIVE 已經用8K 畫質對全世界轉播演唱會與表演，防彈少年團（BTS）的世界巡迴演唱會也是利用 V LIVE 轉播，讓無法親自到場的歌迷不遺憾。

多媒體、社團、聊天、商務活動從二十年前科技發展的過程就不斷改進，如今支援在家上課、在家上班的線上教育與線上合作軟體也開始發展。對維持社交距離被迫疏離的民眾而言，最重要的是一起閒聊、吃喝玩樂的情感交流。宅在家也能自己尋找樂趣的科技服務，剛好填補疫情期間心靈上的空虛。

沒有浮誇的技術也能將「社交放在身邊」

　　一九九九年東亞日報（The Dong-a Ilbo）曾經在韓國舉辦名為「體驗！網路生存 99」的活動，要求參加者必須在飯店或住家待上六天五夜，期間足不出戶，只能利用一台個人電腦、信用卡及餘額有一百萬韓元的銀行帳戶生活，參加的五個隊伍最後都順利達成目標。二〇一〇年英國 BBC 電視台在韓國舉辦「沒網路生活一週」的測試，與前次東亞日報的閉門網路生存時隔十一年，主題從只靠網路變成沒網路。因為這十年內，網路的基礎建設與服務在全世界已經從「有也可以」變成「沒有就不行」的生活必需品，使業者的挑戰主題出現一百八十度轉變。

　　現在距離 BBC 辦的活動又過了十年，二〇二〇年代情況又是如何？疫情讓大家被迫在家上班、在家上課，宛如全世界正在進行規模龐大的網路生存測試。與其問民眾是否能在隔離狀態長期生活，應該問經濟活動、社會活動是否能在隔離狀態長期持續。

　　二十年前已經證明光靠網路也能生活一星期，現在大家正在體驗活動當時參加者的生活。而且現在很難找到網路購物買不到的東西，所有生活必需品幾乎都能利用網購取得，這部分甚至比去線下的實體店面購買方便。不過，上班、上課的社會生活都要變成網路進行可就不同。不管線上技術再怎麼發展，跟同事聚在相同空間集思廣益、腦力激盪，感受彼此微妙的情緒變化，這是線上模式跟不上的。

　　不論 Google 學術搜尋（Google Scholar）、Zoom、Slack 的功能再怎麼提升，絕對無法百分之百模仿離線時的感覺，不過這些軟體還是能提供線上特有的工作效率。因為連上線的所有資料都會數位化儲存，任何時候都能搜尋利用，線上會議室裡的參加者表情可透過攝影鏡頭捕捉，不專心開會很容易被發現，班級學生的出缺勤也能快速點名，比離線時要分別收集每一位與會

者意見再彙整來得容易。只是透過線上依然無法與對方有肢體上的接觸，缺乏直接溝通。因此，在家工作、在家上課的時間增加，對公司與學校都成為困擾。

所幸科技的發展速度總是超乎想像，我們還是可以有所期待。針對企業需求開發的合作工具，以及教育用途的創新型教育科技（EdTech），逐漸彌補線下才有的臨場感。疫情遲遲無法平息，強制隔離被迫延長，這種未能預料的生活經驗凸顯線上社會生活的優點與便利，科技也朝彌補線上社會生活不足之處集中發展。透過微軟 HoloLens 等 VR、AR 技術與 AI，可幫助線上辦公、學習更有效率。

到公司上班、到學校上課的主要目的雖然是為了工作與學習，還有另一項原因是與同儕交誼。科技雖然讓線上會議與線上教學更有效率，是否也能讓線上玩樂、線上聊天更有趣？是否有這個必要性也令人存疑。人不能只靠吃飯過活，也不能只靠工作與上課過活，但是被監禁在家就是現實，該如何只靠線上活動找到樂趣、找到人際關係？

遊戲專用的語音聊天服務 Discord、專為會議設計的 Zoom、由影片服務起家的 YouTube 等，功能已經超越業者原本的用意，可利用線上技術維持人際關係。雖然不是非常頂尖的技術，但以目前的線上服務，對玩樂、聊天談笑已經很足夠。亦即，問題不在工具，關鍵取決於人的認知與意志。

維持社交距離的規範只適用於線下生活，對線上世界完全沒有影響。即便如此，人與人無法在線下生活中真正見面，還是不容易維持親密感。雖然現有的科技水準已足夠讓人光靠線上充分交流，實際上人們還是不敢嘗試。因為若要完全落實在家工作與在家上課，必須以維持同事間的革命情感、朋友間的認同感作為基礎，這就不是科技能解決的問題。我們應該抱持在線上也能將「社交放在身邊」的意志力，並將想法付諸實行。

疫情大爆發下的教育，未來還是有希望

教育是受新冠肺炎疫情影響的產業之一。學術研討會、論文發表會、演講等，因為必須由多人聚集才能進行，社交距離政策使活動無法正常舉行。雖然如此，教育大事無法一再延遲，二○二○年第四季起，韓國大部分演講活動改以零接觸的方式舉行。在線上教育方面，不同開課單位實施方式不盡相同，學員感受的課程體驗也會有落差。以疫情大爆發的初期為例，大部分單位先是延後開課，後來用攝影機拍攝講師在台上授課的影片，再上傳到YouTube 或其他網站作為影片課程播放。

收看這種預先錄好的課程影片，雖然能讓學員不受時間與空間限制，上網就能隨時上課，但是看錄影的聽講欠缺臨場感，學習效果不如實際到教室面授聽課。幸好科技發展改善這項問題，例如：用多台攝影機從各個角度拍攝成影像，在多台機器不間斷播放的畫面分割（multi view）串流或Cloudcast 等。現在還有拍攝成 3D 立體影像的元宇宙技術正在發展。

要將線下的面授完全複製到線上，不管科技再怎麼發展，兩者還是會有一定差距。因此，線上課程應開發離線無法體會的樂趣，盡量利用線上優勢加強學習效果。例如：線上課程沒有聽講人員限制，可結合各種內容，提供全方位的學習。加上可利用各種數位裝置連線，除了播放講師授課的畫面之外，也可提供其他補充資料讓學員參考。亦即，學員除了坐著收看教學畫面，同時還能查閱補充資料。此外，授課單位可讓學員提問，或實施問卷調查，了解線上課程的使用心得，聽取學員意見。實體面授就不容易讓每一位學員發問、進行意見調查，這部分線上授課可更快掌握。

講師對學員提供客製化教學是線上學習的最大優點。同一班級的學生學習能力或多或少有所差異，面授時的單向式教學會造成學習效果有落差。這時若採用線上教學，教師可在授課前先評估學生程度，提供適合的教學內

容，教學途中也能測試學生的理解程度，隨時調整教案。班級的實體面授在就不容易因材施教。若要設計可凸顯線上教學優點的課程，絕對需要搭配科技，例如：大數據、雲端、人工智慧等。疫情大爆發之後，教育出現哪些創新？

　　未來的教育恐怕無法回到疫情大爆發前。人們因為疫情體會線上教育、零接觸式教育的優點之後，大概沒辦法回到完全線下上課，不過也不會只停留在線上。教育界應該提供線上與線下相互融合的教學，這時就需要科技，才能結合人們對線下教學的期待與線上教學的優點，發展新的教育服務，才能讓教育向上發展。再次強調，一定要利用科技將既有教材與學員的學習經驗整理成數據資料，透過人工智慧進行分析，才能開發出更好的教學服務。此時，線上與線下密切連結，兩者將展開有機發展，呈現全方位的課堂體驗。

若要有效推動因疫情加速進行的數位轉型，組織文化與領導力雖然都很重要，仍必須有帶動所有組織成員改變的意志與毅力。假設不管經營團隊、部門主管如何振臂疾呼，部門成員還是消極不願改變，就會像無法緊密咬合的齒輪一樣，很難帶動。大環境已經因為第四次工業革命與新冠肺炎疫情加快數位化發展，產業的典範轉移正在進行，企業若在波濤洶湧之中不能求新求變，最後只會被淘汰。不論是改變公司產品（product）或作業流程（process），都應該讓行銷（promotion）更有效率，才能開闢新客源、開拓新市場。這時要讓數位科技更有破壞力，更有規模、更迅速的被執行。因此，企業的組織文化應該要讓數位轉型可更自由的被推行，領導者的角色就比任何時候都還重要。不過總歸一句，如果公司全體上下對改變沒做好管理，到頭來就還是紙上談兵。

數位轉型不是只有我們在做，擅長使用數位科技的資通訊領域科技巨擘企業、具有快速回應市場變化能力的新創企業，甚至於傳統上擁有競爭優勢的企業，都開始將數位轉型當作例行公事推行，由此可見數位轉型的重要性。推動數位轉型的過程會出現許多變數，例如：超乎想像及預料外的競爭環境變化、新科技登場、很信賴的技術突然沒落等，數位轉型不會如預期順利進行，一定要經過多次衝突妥協與嘗試錯誤之後，才能達到預期成果。必須從失敗中求取教訓，重新調整方向繼續創新，一步一步朝目標邁進，因此需要全體成員的共同參與、忍耐與互信。總歸一句，要身邊的同事、所有成員一起推動數位轉型，才能透過數位科技進行事業創新。

11

AI是否真會統治人類？

這個時代對人工智慧既期待又怕受傷害，最大的恐懼莫過於怕 AI 搶走人的工作。如同工業革命造成工廠林立，大量生產讓許多家庭代工廠倒閉，汽車問世讓馬車夫失業，人們擔心 AI 搶走更多工作機會，甚至有人害怕 AI 會統治人類。這一切是否會成真？我們又該如何面對 AI 時代？

快速進化的 AI，是敵還是友？

實在沒有比爭論人工智慧對人類是敵是友更無謂的問題了。AI 只是工具，一項較高等的工具仍然是工具。若問 AI 會不會威脅人類，彷彿在問火對人類是災難還是希望。AI 是敵是友會因為被使用的方式有所不同，由於 AI 可被應用在各種領域，不像火有所局限，因此 AI 的角色包羅萬象。

儘管 AI 只是一項工具，人們好像還是擔心 AI 有過大的影響力。這是因為 AI 被許多電影當作題材，電影中的 AI 技術如果脫離人類控制範圍，通常造成超乎想像的劇烈影響。再加上先前 AI 與人類的競賽之中，許多領域都出現 AI 優於人類的報導，才會增加民眾恐懼。

三十年前人工智慧就已經存在，經歷了一段不被認同為主流的時期，直到二〇一五年才逐漸大放異彩。以天空飛行的物體來比喻，飛機的形狀雖然不同，但飛行原理相同，都是研究鳥類飛翔的共通結果，不過直升機和火箭則是利用其他原理的產物。人工智慧也是如此，目的雖然一樣，原理有很多種，其中以深度學習、強化學習（reinforcement learning）等神經網絡（neural networks）原理較受重視。各領域日益龐大的資料與創新的運算技

術發展，可視為增強人工智慧威力的推手。

這些運算技術帶來的人工智慧威力超過人類想像，並且應用在諸多領域，才會讓人類產生恐懼，擔心有一天人工智慧達到人類的水準，甚至會反噬人類。到底人工智慧何時達到人類水準，專家意見各有不同，有人說二〇三〇年，也有人說還要再一百年。大致上專家認為還需要一段很長的時間，因為相對於解決特殊目的的小範圍人工智慧，通用人工智慧（artificial general intelligence）領域較為複雜，仍有許多問題有待克服，尚需長時間研究發展。通用人工智慧的相關研究雖然持續進行，不過研究進展緩慢，欠缺高水準的推論，目前處於研究初期階段。但也有另一派專家認為，如果將各領域已高度發展的小範圍人工智慧互相連結，把重點放在快速發展的硬體與軟體，通用人工智慧有機會在近期實現。對於通用人工智慧是否違背人類命令、顛覆社會觀念、有自己的思想與行動，外界的推測大都是毫無根據的憑空想像。重點在於，人類應該抱持等同於預防氣候變化或減碳的災難應變心態，面對人工智慧持續發展，先想好預防對策，準備好必要裝置。

人工智慧如今已經被應用在日常生活及很多商業領域，一天天持續進步，帶來無限的想像空間，其中最讓人擔憂的領域應該是自動駕駛。數位時代以特斯拉為首的汽車發展，人工智慧進步到可代替人類駕駛，只是大家都擔心自動駕駛可能發生危險或事故。誰都無法預測未來人工智慧對產業與社會有何種影響，幸好各領域專家比一般人了解發展現況，握有更多資訊。這些專家各自在專長領域內從事人工智慧研究，若要對人工智慧做全面性的評估預測，應詳細匯集這些專家的見解，才能較全面地預估人工智慧對未來可能造成的威脅與機會。

科技速學

人工智慧如何處理社會問題？

大家都意識到人工智慧可能引發社會問題，相對於過度焦慮或預測未來發展，從社會面討論預防方式才真正重要。舉例來說，人工智慧持續學習發展，人種或性別歧視的內容也包含在學習資料中，社會問題可能因此變得更嚴重。或許應該事先在演算法內放入對人種或性別歧視的公平見解，使人工智慧成為推動社會平等、公平發展的工具。不過要這樣解決問題之前，必須有充分的意見交換與討論，才能開發出以社會價值優先、不偏頗、懂得尊重少數意見的人工智慧。就像民生用水與民生用電，需要的人隨時都能使用，各界對人工智慧的使用觀念也應該一樣，透過科技的民主化（democratization of technology）進行社會討論。

與 AI 共存的工作機會

　　人工智慧對職場的影響存在多種見解。雖然人工智慧會讓原本的工作機會消失，但有一派意見認為人工智慧也會在新興領域創造新職缺，另一派意見認為工作機會從以前到現在一直不斷改變，應該將人工智慧也視為改變過程的一部分，無須大驚小怪當作特別議題。不過 AI 確實會對特定工作帶來威脅，AI 如何對職場造成危機？

　　AI 讓卡車司機、曳引機駕駛、電話客服人員、森林護管員、保險諮詢師、基金經理人等職業面臨威脅。單看 AI 自動駕駛的部分，目前因技術成熟度不足與社會輿論壓力，要普遍取代在一般道路行駛的計程車、公車、汽

車駕駛人，恐怕還需要一段時間，但若用在特定空間或特殊目的的物流運輸或農耕機具駕駛，AI 有機會快速取代人類。AI 若用在顧客諮詢或行銷領域，由於語音與真人無太大差別，又能理解所有操作手冊，也非常有機會取代真正的客服人員。亦即，前述的工作機會未來可能會消失，且受影響的範圍會逐漸增加。

但是 AI 不至於威脅醫生或法官。因為醫療與法律不單只是技術問題，涉及到相關人員的信賴，也牽扯到社會面與文化面的接受度。反倒是 AI 若以助手的角色提供資訊，讓醫生或法官做更精確的判斷，將可獲得事半功倍的效果，類似球類賽事透過影像重播，協助評審做更精準的裁判。AI 在特定職業領域會同時帶來威脅與機會。

目前無法斷定 AI 造成工作機會消失，就會對所有人類的工作機會帶來極大威脅，主要原因有二。首先，要在各領域開發先進的 AI，會需要相關人員，就產生新的就業機會。AI 也不是單純開發出來就結束，還得持續學習，因此必須不但收集資料、整理，也要搭配相關設備，AI 才能搭載在商品上，過程會持續不斷研發。雖然減少的就業機會可能還是比新增的多，但 AI 高度發展帶來的外溢效果，仍有機會創造其他就業機會，不該只消極看待原本工作被取代、工作機會消失的一面。

此外，若用 AI 大幅提高生產力的觀點來看，可能讓其他產業起死回生。舉例來說，工業革命讓人類文明往前邁進，經濟水準提升，造就餐廳、遊樂園、電影院、甚至連續劇與流行音樂等娛樂產業得以發展，因此利用 AI 獲得的生產力提升，可能成為其他產業成長的機會。

不論如何，應該利用人工智慧應用在工作與生活之際，設法提高自己的能量，將人工智慧當作讓工作更有效率的工具，這才是我們對 AI 應該抱持的觀點。

該如何和 AI 當同事？

　　圍棋界的人工智慧 AlphaGo 登場後有過四次強化，經歷 AlphaGo Fan、AlphaGo Lee 與 AlphaGo Master，期間在二〇一六年擊敗圍棋冠軍李世乭，又接連勝過多位圍棋界的高手，二〇一七年確定無人類對手後正式退休。之後在圍棋界有中國騰訊的絕藝、日本東京大學的 DeepZenGo、韓國 NHN 的 HanDol、美國 Facebook 的 ELF OpenGo 等誕生，從科技的角度來看，圍棋界因為人工智慧更蓬勃發展。

　　圍棋界出現 AI，讓真人對弈的圍棋市場出現什麼改變？ AI 棋士的出現對職業棋壇帶來很大衝擊，但是對初學者而言，AI 棋士就像優秀的老師。在 AI 棋士出現前，圍棋有定石棋譜，類似教學如何布局、防禦的手冊。但 AI 棋士沒有固定的棋譜，自己的獨到下法反而成為初學者的學習機會，因此對圍棋有興趣的人不必為了學下棋到棋院，也不必一定模仿職業棋士的棋譜，有愈來愈多人開始與 AI 棋士下棋自學，甚至也有職業棋士利用 AI 做自我訓練。中國棋院的職業棋士柯潔九段在一場訪問中公開表示，利用 AI 學習定石很有幫助，檢討棋局也非常有用。

　　由此可見，職業棋士的棋力因為 AI 出現有所提升。再怎麼說，相較於分析與自己棋力相近的對手棋譜，利用實力明顯高出一截的 AI 學習，對提升實力更有幫助。只是這樣一來，原本職業棋壇由絕對強者領先的棋士排名，現在也出現變化。因為職業棋士的棋力全面提升，排名領先者要維持第一就愈來愈困難。業餘棋士也不再受金錢與資訊限制，隨時能與 AI 棋士切磋磨練，學習機會增多。亦即 AI 在圍棋市場讓人類的實力往前邁進。

　　此外，AI 也讓圍棋比賽的解說更細膩，更能傳達精準資訊。解說員可以一邊看 AI 的勝率預測解說棋局，用客觀的角度分析。棋友在電視上看解說節目時，可即時看到利用 AI 製作的彩色分析圖示、勝率預測，獲得全方

位資訊。因此圍棋界並非如外界所想，被 AI 棋士搶走下棋的樂趣，迫使職業棋士一詞走入歷史，實際上反而因為 AI 棋士的出現，大家用更愉快的心情面對更多學習機會。

但是 AI 在圍棋界並非只帶來正面效果。因為對弈過程 AI 會顯示勝率，棋士就不像以往，會依照自己深思熟慮的結果下出有挑戰性的一步棋，反而過度在意 AI 建議的正確答案，失去學習機會。圍棋有幾千年的歷史，經過棋譜一點一滴累積發展至今，現在似乎被 AI 的教學框架限制。人類下的圍棋並非只有勝負之爭，棋士在對弈過程接受各種挑戰，走出自己的棋路與風格。燕子曹薰鉉、神算李昌鎬、毒蛇崔哲瀚、頑石李世乭、地鐵流小林光一、宇宙流武宮正樹等，從外界賦予的封號就可略知棋風一二，但現在向 AI 學習的圍棋不再有獨到的個性。由於每一步棋都是經過計算勝率得到的標準答案，AI 不帶有人情味的棋路支配了圍棋界。

到頭來，人類的個性、冒險精神、挑戰性與創意力將會消失，這才是 AI 對圍棋界發出的警訊。不可否認 AI 對圍棋初學者提供新的學習機會，對提升棋士的平均棋力有所貢獻，但 AI 的建議只是諸多棋路的其中一種，是棋士沒想到的一步棋，不該當作標準答案，停止自己思考。就像計算機可以加減乘除，連複雜的工程數學都能計算，即便如此，我們還是要學習四則運算與數學。因為了解計算原理才能思考如何用簡單算式處理更複雜的計算，知道基本規則再按計算機，也可以更快算出答案，遇到複雜問題也會思考該如何下手。亦即，重複性的計算交給計算機，如何解題由人來進行高層次思考，才是有效率的使用計算機，AI 也是相同道理。因此棋士務必切記，不可將 AI 提出的建議當作標準答案，限制自己的思考能力。

若將 AI 當作解決公司問題的方案，AI 會在許多領域逐漸取代人類，剩下沒被取代的員工則愈來愈依賴 AI。當員工對 AI 推薦的方案毫不存疑採用，不久的將來決策權就會被 AI 搶走。不論是銀行審查貸款申請、證券業

進行投資審議、醫師替病患診斷病因，如果這些事情都交給 AI 處理，對 AI 的判斷將逐漸失去戒心。人之所以與機器不同，因為每個人都有不同的思考方式與興趣、喜好，會做各種不同選擇。在不同觀點中持續協商與妥協，最後獲得的結論帶動人類發展，這個過程讓人類更像人類，促使人類文明不斷進步。因此，如果對 AI 的判斷全盤接受，不懷疑也不討論，將讓人類文明脫離原本的發展機制，走向完全不同的道路。公司應該仔細思考，導入 AI、使用 AI 之後，如何對 AI 的建議提出批判，切記最終決策必須由人來進行，AI 的意見僅供參考。

二〇二〇年強調環境友善、社會責任、公司治理的 ESG（Environmental, Social and Governance）經營理念在韓國成為話題，ESG 經營旨在說明企業的社會責任是維持永續發展的重要核心。由於 AI 技術對社會的影響力與能源、通訊、傳播不相上下，ESG 經營強調企業必須擁有自省與診斷的能力的重要性。與其擔心人工智慧擁有人類的智慧，倒不如避免讓人工智慧成為社會上的罪惡，企業應扮演好監督角色。亦即，企業應回顧符合國情的 AI 倫理標準，定期檢查公司採用的 AI 是否需要改善。舉例來說，偶像明星以數位人類（digital human）、虛擬人類（virtual human）這種實際上不存在的 AI 角色與影迷、歌迷即時互動，有可能比 Luda 引發更大的社會問題。屆時可能發生民眾利用深偽技術（deepfake）毀謗公眾人物等，社會上的處理方式肯定會是問題。對這種 AI 造成的社會議題，企業必須用公司層級進行思考，研擬有效對策。如何將 AI 當作商業解決方案應用在民眾的日常生活與公司運作、如何反思自省，都是面對 AI 時代應該立即思考的重點。

12 資料導向決策，DDDM興起的原因

　　資料導向決策（DDDM，Data-Driven Decision Making）是以資料作為基礎的決策系統。現代管理學之父彼得・杜拉克（Peter F. Drucker）曾說：「可以衡量的事，才能被管理。」（What gets measured gets managed.）點出對資料進行計量分析的重要性。不過就算沒有這句名言，在數位化的產業變化中，強調資料的重要性根本多餘，資料已經是所有企業的重要議題。阿里巴巴創辦人馬雲也曾說：「現在已經從 IT（information technology，資訊科技）標準化作業的時代，進入到 DT（data technology，資料科技）時代。」由此可見，資料是資訊化時代的價值所在。

若讓體溫計與智慧型手機連線，會激發什麼火花？

　　美國新創企業 Kinsa 推出的體溫計必須與智慧型手機連線使用。為何體溫計要與智慧型手機連線？體溫計不就是在液晶小視窗顯示數字就好，跟智慧型手機連線有什麼好處？小孩發高燒需量體溫時，我們想知道的難道只是體溫幾度？還是也想知道是否嚴重到必須立刻就醫？或者在家休息就行？其實我們在意的不是體溫數字，應該是數字代表的意思。

　　Kinsa 體溫計與智慧型手機連線後，可透過專用軟體，了解體溫數字代表的意義，且每次量體溫都會記錄溫度與測量時間，利用收集到的資訊告知本次測量結果。Kinsa 的 app 還能手動輸入當下的身體狀態，例如：小孩嘔吐、腹瀉、冒汗等健康異常資訊，後續若有就醫需求，病患家屬就能與醫師共享先前的紀錄，獲得更有系統的醫療診斷。亦即 Kinsa 體溫計除了測量體

溫的基本功能，也會對使用者提供測量體溫時必要的價值。如此一來，使用者不用另外上網搜尋體溫的資訊，也不必找醫生諮詢，只要將體溫計與網路連線就能獲得新的體驗。

回顧企業與產品利用資料進行創新的案例，可發現下列幾項共通點：

第一、為了對顧客提供新的體驗與價值，利用數位科技改善產品或事業。

第二、收集原本不易測量的顧客資料，積極應用在商業創新。

第三、跳脫刻板印象，利用新的商業模式讓企業價值極大化。

物聯網，竟然是利用資料的技術？

Coway 經營空氣清淨機、濾水器的租賃生意，有部分產品可連上網，利用智慧型手機 app 控制。雖然擺在眼前的空氣清淨機沒必要多此一舉用手機 app 操作，若對遠距辦公室或有寵物的空間，想讓空氣品質更好，用 app 開啟或關閉就很方便。此外，濾水器必須定期更換濾心，Coway 會透過 app 針對有網路連線的濾水器用戶發送更換提醒。只是業者提供這些物聯網服務，必須對軟體與雲端系統進行投資，多少是一筆負擔，Coway 為何願意投資這樣的物聯網？

相同型號的空氣清淨機遇到不同的使用者，使用習慣絕對不同。住在首爾龍山區的使用者和京畿道富川市的使用者習慣不同，就連同一社區裡不同家庭的使用習慣也會相異。有人喜歡一整天開著，有人喜歡先看空氣污染程度，狀況差的時候才開，有人特別喜歡在煎魚或烤五花肉的時候開。因此空氣清淨機的濾網更換頻率不同，實際發揮功用的程度、對減少室內懸浮微粒的效果也相異。

空氣清淨機業者無法了解每位使用者的狀況，但產品若有連網功能，情

況就有所不同。透過記錄在雲端的使用資訊，業者能詳細掌握空氣清淨機的使用情形，包括機器運作時間與室內懸浮微粒濃度。例如：對同一個社區不同家庭的空氣清淨機使用資料進行分析，了解確實達到空氣清淨效果的使用者多久更換一次濾網，業者再依這項資訊對空氣清淨效果不佳的使用者提供建議，讓產品發揮最大功效。諸如此類的功能讓該產品不只單純能遠距操控，也可自動啟動，這就是業者對顧客提供新的使用體驗。業者如果在雲端累積足夠的產品使用資料，甚至可以依照不同地區、不同居住型態，訂出一套最佳操作建議。這時，跟不能連網的機種相比，連網機種當然是功能優異的產品。因此，業者利用物聯網收集的資料，可找出讓原本機器效能提升的解決方案。假設空氣清淨機收集到韓國境內所有空氣品質資料，業者將比任何公部門或統計機構擁有更完整的資料，還能依照社區、樓層、住家型態分門別類，詳細掌握空氣品質差異。這些資料不但可用來進行研究，也能當作商業用途，成為極具發展潛力的商業模式。

　　光從這個例子來看，就能了解在數位轉型的過程中，收集顧客的使用資料並加以分析、應用的重要性。在生鮮食品宅配市場快速成長的 Market Kurly 與從事宅配平台服務的宅配的民族，兩家業者得以成功，秘訣也是收集顧客的使用資料加以運用。比起導入非常先進的數位科技創新，更重要的是設法測量先前不易收集的顧客使用資料，將資料儲存在雲端並分析，以此發展創新。舉例來說，Market Kurly 分析顧客購買食材的偏好與週期，才向大盤商採購產品，並且設計凌晨配送的物流系統與宅配路線，利用數位科技做到其他零售業者做不到的資料測量、收集與分析。這裡該注重的不該是技術本身，應將重點放在想要利用資料實現的願景，並且推動在組織、工作流程、決策系統的變革。因為不論科技多先進，如果欠缺懂得有效運用科技的人才、組織文化及經營團隊的決策，絕對無法發揮功效。

科技速學

資料導向決策：數位轉型的終極成果

資料導向決策是企業成功數位轉型的其中一項重要特徵。這是鼓勵企業利用足以佐證決策的資料進行判斷，利用資料建立決策系統，減少從錯誤中學習的次數，降低營運風險，提高商業模式創新的成功率。但要進行這種企業管理，必須有資料作為前提。除了盤點已擁有的資料為何，還要構思應追加收集哪些資料、如何衡量，定義資料儲存在何處、如何分析，思考如何在決策過程運用分析結果。這是建立資料導向決策的重要過程。

成千上萬的資料該如何運用？

　　Kakao Taxi 收集各種資料，例如：誰幾點幾分在哪裡上車、去哪裡、走什麼路線、搭了什麼計程車等。因為累積了數百萬乘客的叫車資訊，Kakao Taxi 可以預測何時往哪裡行駛的計程車需求量大，加上 Kakao Taxi 能測量計程車的行駛速度，也能預估哪條路塞車，因此能有效率地派車，對使用者提供乘車建議。

　　Coupang 收集的資料大致是哪個地址買了什麼商品，分析哪些商品在什麼時間點銷售增加，即時追蹤哪個品牌較有人氣，預測購買特定物品的人下次會買什麼商品。這種分析能有效預測消費者的購買需求，便於業者擬定進貨與銷售計畫。

　　由於資料分析結果可減少企業運作的無效率並創造新的顧客價值，傳統企業開始大聲疾呼，強調資料的重要性，要求收集資料進行分析，甚至成立

任務小組或斥資委外，向專家諮詢聽取建議。

　　既然資料這麼重要，為何之前不曾費心？現在投資想用資料創造什麼價值？該不會是因為聽到別人都說資料很重要，所以沒想好使用目的、使用方法、如何取得、要什麼效果，就一窩蜂地跟著做吧？如果是這樣，問題就大了。

　　若要利用資料發展事業創新，重要的絕對不只運用科技收集資料與分析，必須從定義開始，確定要創造哪些商業價值。目的明確之後，才能判斷已經收集的資料還缺少哪些，接著才制定系統，決定從何處補充新資料與如何進行分析。

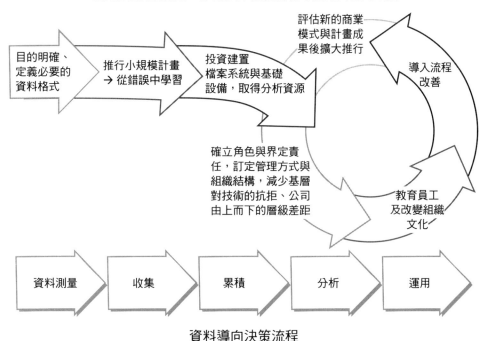

資料導向決策流程

　　不過，要設計分析系統與決定是否投資建置系統並不容易。這時建議先

依照資料分析的目的小規模推行試辦計畫，藉此找出適合公司水準、規模及資料分析目的的分析系統。

　　如果沒按部就班經過上述流程，只因為公司經營團隊聽外人說資料重要，就跟風在公司內部實施，肯定會遇到麻煩。因為公司可能對技術做太多投資，或在公司內部引發爭議，導致公司運作大亂。長期而言，不但無法對公司帶來幫助，還可能因為收集錯誤資料，讓用不上的資料塞爆雲端伺服器，增加不必要的營運支出。

　　此外，資料導向決策重視組織全體員工的落實，因此必須教育員工，培養組織文化，改善決策流程。將資料運用在商業活動時，也並非一定要在特定時間內依序處理。當發現還需要額外測量資料時，必須事先做好準備，在與顧客接觸的關鍵時刻（moment of truth）收集，分析過程也可將多種資料交叉分析，歸納有價值的部分，甚至搭配基層的非制式化資訊一起參考。為了將前面分析出的結果實際用到業務推行，必須額外進行資料分析、模擬與預測。也就是說，資料導向決策不是任何單一部門的任務，要有公司全面性的組織文化作為支援，才能有效取得成果。

　　另一件需要特別留意的事，若有一項事業已經經營很久，也持續收集顧客資料，不能理所當然以為將這些資料拿來分析就可以馬上使用。因為我們無法得知這些既有的資料在資料庫裡是否有意義的被留存、先前是否完整定義、有系統地分類，這些都必須一一重新檢視。通常這樣取得的資料都不會被完整收集，必須增加其他資料才能做有意義的分析，但是其他資料取得不易。

　　就像行車導航與餐飲外送印刷廣告上的資料，與 Tmap、宅配的民族收集到的資料，本質上就有不同。若要利用資料導向決策從事商業創新，必須認真看待資料收集的限制，務必先確立目的、了解要收集何種資料、如何與相關單位人員一起利用資料進行決策，有一套明確的管理與推動體系。特別

在需要收集更詳細的資料創造新商業價值時，也一定要先規劃好如何推動。

科技速學 ○

資料導向決策不是容易的事

資料導向決策的基礎是資料，該如何測量資料、如何收集、如何累積、誰來分析、要不要拿來解決公司的商業問題或做決策，這整個流程就是推動資料導向決策管理的第一步。

各位一起思考看看，自己任職的公司如何進行資料導向決策。是否由個人直覺或經營團隊的個人意見做決定？各位的公司收集了什麼資料？儲存在哪裡？誰做分析？怎麼分析？如何評估缺乏的資料？針對缺乏的資料該由哪個部門做什麼準備？思考這些提問就是踏出資料導向決策的第一步。資料工程師與資料科學家（data scientist）扮演推動資料導向決策的樞紐。資料工程師將資料儲存在雲端，負責提供技術支援；資料科學家分析資料並對基層或經營團隊提供有意義的資訊。但是若基層與掌權者不願意配合，辛苦收集的資料與分析建議都是白忙一場，無法對公司營運提供任何幫助。因此，基層主管必須與資料工程師、資料科學家合作，從開始進行資料測量到運用分析結果，持續進行資訊分享，建立願意以資料為基礎的決策文化。數位科技朝日常生活、社會、產業發展逐漸擴散，將有愈來愈多資料能被收集。數據資料堪稱二十一世紀的金礦，懂得運用資料的企業將在更短的時間創造更多成果。基於這個理由，資料導向決策是資料科技時代的重要典範。

你現在公司所屬的產業可利用數位科技帶來什麼創新？如果煩惱公司是否有

能力用數位科技創新，首先能做的就是推動資料導向決策。盤點正在推動中的事業有哪些顧客，能取得哪些市場數據資料，思考是否能將其用來創新。一邊思考之際，同時也要定義還需額外增加哪些資料、如何分析、是否用在事業的主要決策或商業模式等，這樣就是踏出數位轉型的第一步。

13 保持敏銳，追求創新，建立敏捷式組織的方法

社會與產業不斷進步，企業如果停止創新就可能被淘汰。企業若要做到創新，內部成員必須經常保持敏銳，欲建立敏銳的組織，必須具備敏捷、靈活運作的組織系統，亦即所謂的敏捷式（agile）組織。資通訊企業面對快速變化的數位科技，必須用敏捷的組織運作，讓外界以為敏捷式組織是科技企業的專屬。不過最近也有傳統企業為了創新與從事挑戰，開始導入敏捷式組織系統。

創新的背後有資料為證

網路商業能快速成長，主要是資料被靈活運用。報章雜誌的平面廣告、電視廣告與網路廣告，E-Mart 與 Coupang，這些廣告、銷售方式的最大差異為何？行車導航與 Tmap 有何不同？答案是業者利用資料提供服務、發展事業的方式不同。

網路事業的發展過程不斷測量與收集資料，依照這些資訊規劃產品、企劃行銷，並且改善營運效率持續進步，具備一套完全以數據資料為主的決策系統與事業體系。

舉例來說，搜尋廣告鎖定有意購買特定商品的消費者。刊登出的廣告有誰看過、多少人點過、看完廣告的下一個動作等，這些都可以追蹤，進而評估廣告效果，了解下次廣告可如何改進。Coupang 就是這樣利用資料精準預測消費需求，得以做到快速配送，也不必在倉庫堆放過多存貨積壓成本。先

前提過的 Tmap 與 KakaoPay 等金融科技的業者也是如此。大致上，各個產業領域可利用資料從事創新，主要可歸納為下列兩點：

第一、智慧型手機、各種網路服務、感測器技術發展，資料得以詳細測量，並且妥善存放在雲端，以前不易測量的資料現在也變得容易收集。

第二、大數據分析技術高度發展，資料分析更有效率，且人工智慧技術使資料分析的品質提升。

以自駕車為例，因為車輛能與網路連線，將行車資訊上傳到雲端，且命令車輛自動駕駛的人工智慧技術進步，自駕車發展到可商業銷售的水準。其中，人工智慧只要持續投入資訊就會自主學習，朝更優異的方向進步，時間愈久效能愈佳。

敏捷式組織是什麼？

敏捷式組織代表擁有可敏捷發展事業的組織系統，最早用在軟體研發部門。這種組織系統多半用在必須快速推動業務發展的新創企業，或以科技創新作為成功要素的網路企業等。最近敏捷式組織的概念已逐漸滲透到金融業、製造業、能源業等其他領域，甚至於公司規模龐大的企業。為何敏捷式組織突然受到重視？

所有商業變化都是由人所造成。公司裡人員聚集形成組織，依照組織結構使人的績效出現差異。可敏捷應對市場變化與競爭對手策略的組織系統，能在科技快速進步的時代匯集人類智慧，敏捷地付諸實行。若要具有敏捷的事業體系與決策，必須以基層與顧客為主的角度思考，並以資料導向決策作為後盾。由於敏捷式組織可實現這些目標，因此逐漸受到重視。

最近除了行銷、零售與金融領域，在醫療、製造業、農林業等各種領域都開始建立資料導向決策系統。為了建立以資料為主的事業體系，除了科

技之外，還要有公司體制、組織文化作為後盾。歷史悠久的傳統企業一定也在公司裡累積很多資料，例如：企業資源管理（ERP，Enterprise Resource Planning）、顧客關係管理（CRM，Customer Relationship Management）、供應鏈管理（SCM，Supply Chain Management）等，資料存在企業內部網路或資訊系統。問題在於這些資料未被有系統地收集，主資料（master data）也不一致，不易用來分析。而且就算歸納出分析結果，很多時候結果也不會被當作決策參考，變成你做你的分析，我做我的決策。因此傳統企業雖然知道資料的重要性，總卡在不知該如何分析，結果該用在哪裡。

　　要擁有資料導向決策系統，就不能只有科技。科技只是一種工具，缺乏系統兩者就毫無瓜葛。因此在推動建立資料導向決策系統的過程，必須注重運用科技的組織系統、工作流程與決策文化。從這個角度看待敏捷式組織系統的重要性日益增加。

只要像變形蟲，就會成功

　　敏捷式組織不依照職務類別區分部門，採任務導向編制，講究單一小組自給自足式的任務處理，有些將企劃、研發、行銷、管理等各種職務的負責人聚集在同一小組，也有將同部門的研發人員聚在一起，獨立執行特定任務。如此一來，可提高工作專注度，以相同思考快速解決任務。

　　現行的計畫管理系統是完成市場調查後才制定策略，對主管上呈報告書等待簽核，最後才獲得預算與人力，正式開始推動計畫。這種決策結構不但費時、也容易出錯，導致計畫推動成效不佳。原本組織文化薰陶下的人，要在新的組織系統主動承擔責任、下放權限、以顧客為主做出適合市場格局的決策、處理各項業務，此時經常受過去的習慣影響。敏捷式組織的內部已非常了解市場與顧客，不必再做市場調查就可以自主決策，當然也不必向上呈

報等待裁示，預算與人力在小組內也有分配權限，可省略簽核過程的溝通。不過，在計畫推動過程，仍舊必須依照服務策略、產品規劃、行銷等方面，以市場與顧客資料為基礎隨時做決策。

此外，不能為了在短時間內取得成果，突然在所有任務都採行敏捷式組織系統。公司應該在新計畫或短期目標明確下，才用敏捷式組織執行單一任務，隨時掌握問題，利用克服問題的經驗，找出新的管理方式。因此必須是推動過程中就算遭遇失敗也能接納的小事。貿然將敏捷式組織用在大規模計畫，承擔失敗的風險太大，成員將喪失再次挑戰的勇氣。亦即，應在可容許失敗的計畫採用敏捷式組織系統，讓團隊實際體驗成功與失敗。

敏捷式組織必須是隨時可解散、隨時可組成，富有彈性的運作，依照任務績效或任務時限快速調整，或投入其他計畫。簡言之，要能像變形蟲一樣任意變形。這種組織結構不會以組織自身為主，可對工作、任務聚焦。

此外，必須隨時檢視計畫產出，以顧客、市場的角度歸納改善方案，才能發揮敏捷式組織系統的優勢，改善方案絕對不是經過長時間研發才最終定案的版本。若將大規模計畫拆成小塊，個別測試產出成果，分割流程使成果盡快展現，進而訂出改善方案，這才是讓敏捷式組織成果極大化的方式。敏捷式組織的敏捷並非凡事貿然搶快，必須隨時留意市場反應進行資料蒐集與分析，才能漸進改善，達到最佳效率。

只是模仿無法成功

敏捷式組織透過以基層為主的決策，達到機靈、敏捷的處理工作，過程中必須減少不必要的流程、報告與會議。若用一句話來描述，應盡可能對基層授權，確保負責人能自主判斷與推動計畫。

但大部分公司就算明白這個道理，總因為害怕失敗與不信任員工，凡事

必須都由組長、經理、協理、副總經理一一確認、簽核。這樣一來，基層必須花時間向上報告，等待批准，阻礙工作效率，最後在做決策時，甚至得看主管眼色，無法反應真實意見，反而增加計畫失敗的風險。

若要打造一個以基層為主的決策結構，除了充分授權之外，組織文化也必須盡量扁平，才能讓每個人都有思考空間，勇於提出意見，真實反應現況。因此應該去層級化，廢除層級減少報告與簽核。許多敏捷式組織的成員不以職銜相稱，直接叫名字或英文名字。

敏捷式組織的績效管理也與原本不同，主要採取多元績效評估或絕對績效評估，不是管理者一般性的相對績效評估。績效評估週期也不是以一年為單位，乃配合計畫時間可長可短。小組成員在計畫結束或達成目的時就會解散，完全依照計畫、任務調整，像變形蟲，可隨環境變化改變自身型態，反覆進行分裂與組合，愈來愈有彈性。

敏捷式組織的方法論是由下而上（bottom-up），反覆進行以基層為主的決策達到漸進改善，組織結構也必須是扁平式，才能自給自足。這時基層成員絕對不能用一般方式決策，必須以顧客價值為主進行判斷。

顧客回應及以顧客價值是計畫推動過程能快速決策、彈性調整策略的重要依據。因此必須對顧客的立場與意見加以收集並分析，知道顧客心聲才能以顧客價值進行判斷與決策。如何了解顧客意見則是運作敏捷式組織另一項必須考慮的問題，得有辦法讀出顧客想法，將內容數據化，才能當作決策時的參考資料。

只要清除無效率

工作方式的創新是達到商業模式創新的重要條件，敏捷式組織方法論是達到商業模式創新的工具。

　　敏捷式的目的在清除組織運作的無效率，並以顧客價值為主做決策，讓組織更敏捷運作。因此必須找出固執的意見領袖、陳規陋習、曠日持久的向上報告、缺乏生產力的冗長會議等，清除任何妨礙敏捷度的因素。

　　事實上，光是找出妨礙敏捷式組織運作、阻礙工作效率的因素，就能讓組織變健康，不用執著一定要推行敏捷式組織，大幅調整組織結構。眼下如果能找出影響工作效率的問題並且消除，就是立刻能在組織內部進行商業模式創新的辦法。

　　讓組織保持敏銳的最好辦法是什麼呢？優秀的人才？完美的組織結構？出眾的領導力？其實都不對，應該是建立組織文化，一個讓員工願意進行組織創新的文化。這種文化能讓組織成員自發參與、喚醒挑戰精神，在組織內產生推動創新的氣氛。塑造這種文化的要素有三：敏捷式組織系統、精實創業（lean startup）的商業策略及數位領導力。其中，數位領導力在快速變化的數位時代，必須要能帶領企業進行數位轉型，理解科技是主要核心。以事業創新為例，因為要用到物聯網、大數據、人工智慧、區塊鏈等技術，必須對最新科技有所認識。

其次是以基層為主的領導力。精實創業思維與敏捷式組織系統才能讓組織保持敏銳，快速掌握市場與顧客回應，與基層組員用相同高度觀察、思考，彈性決策，並且搭配開放式的領導風格。領導者並非強勢主導下命令，而是僕人式領導（servant leadership），與小組成員一起用相同高度思考才做決策。

最後，還需要能詳細掌握工作細節的能力。面對快速變化的市場，快速做出的決策在基層如何被解讀、如何被執行，這些都必須澈底掌握。萬一決策

後決定做 A，基層誤解成 B 或 C，這在快速變化的市場絕對無法收到預期成效。因此必須清楚基層如何推動，就算沒聽取報告，也要有辦法隨時檢查，擁有掌握工作進度的能力。

第3章

元宇宙與加密貨幣──
新科技帶來的變化

近年來廣受矚目的新科技中首屈一指的就當屬「元宇宙」了，元宇宙大量運用了 VR 技術，以及以區塊鏈為核心的加密貨幣。當然 AI、雲端、物聯網、大數據等技術也都曾經躍上焦點話題，但對一般使用者和消費者來說，實際上最貼近我們的技術卻是加密貨幣和元宇宙，也同時可以期望它們會為我們未來的日常生活帶來許多變化。區塊鏈已經在二〇一六年左右因為以其技術打造的加密貨幣──「比特幣」蓬勃發展，而使得連原本對科技不太感興趣的一般大眾都略有耳聞，然而，此後區塊鏈也因被視為受欲望驅動的技術、投機的象徵等而逐漸遠離大眾的視線。在新冠肺炎疫情發展下的二〇二一年，使用加密貨幣投資的市場氣圍逐漸成熟，因此再次獲得大眾矚目，只是和五年前不同的是，此時的加密貨幣已經超越了單純的投機行為，隨著加密貨幣開始被當作解決各種商業問題的良方來使用，它也正在被重新評價為具有實質效益的技術。除此之外，元宇宙也被推測是繼網站、行動裝置之後，最有機會以 Web 3.0 典範之姿開創出新網路時代的新科技，因此廣受大眾的關注。如果說二〇一〇年代是行動和雲端的時代，那麼二〇二〇年就可以被期待是元宇宙和區塊鏈的時代。

14 Web 3.0所開創的新世界
——元宇宙

當一個全新的網路時代來臨時，新型態的裝置也會出現。就像二〇〇〇年代開啟網路時代時，我們有了電腦；二〇一〇年行動時代時，我們則有了手機來扮演核心角色一樣；二〇二〇年代的元宇宙則會以 VR 作為核心裝置來開啟全新的網路時代。特別是在新冠肺炎疫情影響下誕生的許多「線上接觸服務」（ontact service）——也就是以網路為基礎的線上服務——使用量暴增，以往用電腦或手機來操作的服務和線下實際體驗相比，總是比較不具現實感和沈浸感的遺憾，也被多次提出，這使得大眾對可以真正幫助人們產生和線下相近的現實感的技術有了更大的期待，而元宇宙正是能夠解決這個問題的解方，當然也就更加受到關注了。

元宇宙是新型遊戲嗎？

原意為超越性（Meta）宇宙（Universe）的元宇宙，其意義是第三次元的假想世界，同時也是曾在一九九二年尼爾·史蒂文森（Neal Stephenson）的小說《潰雪》（*Snow Crash*）中被介紹過的概念。小說中曾描寫到人們只要透過穿戴智慧眼鏡和耳機，就能在虛擬空間中和其他人見面，並獲得和現實相比相對被增強的體驗，在裡頭也能實現第二重的社會生活。小說中這個以軟體打造的世界是透過「世界多媒體會議協會理事會」來運作的，因為並不是實際存在的世界，所以不受物理法則的限制，同時也是全世界的每個人都必須參與經濟及社會活動規模可達全球規模的虛擬世界。

過去只在小說裡才存在的世界在如今的科技發展下，開始在我們生活的

世界上逐步成為可能實現的現實。實際上，如同現在的元宇宙，人們為了讓線上虛擬空間看起來栩栩如生而投注努力，早在網路服務剛推出的時期就開始了。一九九六年左右就有一種虛擬聊天服務「阿爾法世界」活用了虛擬化身（Avatar），使人能在虛擬空間中表現自己，或者像在物理空間中四處走動一樣，和投射現實我的化身見面聊天，並且能查看對方的臉孔、手勢和服裝風格等。雖然這個靈感在初期引起了人們的注意，但當時的電腦和網際網路性能卻遠遠不足以正常驅動這些服務，因此最終這個服務也無以為繼。

在那之後隨著超高速網路的普及度提升和電腦速度的進步，二〇〇三年線上虛擬互動遊戲《第二人生》（Second Life）登場，一直到二〇〇九年為止持續受到全球的關注，而韓國也在二〇〇七年正式開啟了《第二人生》服務，部分企業甚至在《第二人生》裡興建了公司建築物和開發虛擬「獨島」，獲得相當大的回響。和之前的「阿爾法世界」不同的是，《第二人生》不僅只有聊天和裝飾個人虛擬化身的功能，還能建造建築物或開發各種豐富的 3D 物體，甚至可以製作和販賣它們來支援介面上的各種經濟活動。除此之外，在使用《第二人生》時也會受到其規章規範，和小說《潰雪》裡所描寫的元宇宙擁有著類似的世界觀。然而好景不長的是，《第二人生》在二〇〇九年以後被推特、Facebook 等社群軟體給超越，沒能即時趕上流行，如今只留下了一個名稱。

不過，隨著能讓《第二人生》這樣的服務能夠發揮光彩的裝置在市面上亮相，新的元宇宙時代也正在展開──這裡所說的裝置就是 VR 了。過去《第二人生》採取的是在電腦上裝設軟體來操作的方式，並不能好好提供虛擬環境體驗，而與之相反的是，使用 VR 裝置時，人們就能看到投射在整個瞳孔上的投影畫面，並可以直接活動身體在空間裡漫步，或者用兩手揮舞就能在虛擬空間中移動或操作物體。

科技速學 ⬤

Cyworld 也是元宇宙嗎？

每個專家對元宇宙的定義都不同，對構成元宇宙的元素也略有不同的想法。不過從筆者的觀點來看，元宇宙至少需要滿足以下四個要件：

一、空間感

二、虛擬化身

三、能夠帶來沈浸體驗的互動作用

四、經濟系統

從這個標準來看，Cyworld 可以滿足空間感（Mini Room）、虛擬化身（Mini Me）、經濟系統（橡實果幣）這三項要素 ⓰，但卻缺乏了互動；換句話說，元宇宙必須要具備用數位化去具象呈現的虛擬空間，該空間也需要充滿各種豐富的數位化物件（object），以及能代替我們在空間中遨遊的虛擬化身，同時這個虛擬化身必須要像在現實中一樣，能夠在虛擬空間中移動和遨遊，和其他虛擬化身對話，並且能移動虛擬空間中的物體，達成雙向互動的作用才行。除此之外，也必須提供讓各個虛擬化身彼此之間能夠交易，或是購買物件、交易物件的經濟系統。從這個觀點來看，Cyworld 在第三個要素上，也就是所謂的相互作用上就顯得不足了。此外，為了實現更真實的互動和沈浸體驗，使用 VR 裝置會比使用傳統的電腦或是智慧型手機更有效，所以在筆者的定義之中，為了實現元宇宙的互動效果和高度提升空間感，則 VR 或 AR 等專用裝置就是必不可少的。

---

16 括號內所提到的皆是 Cyworld 盛行時期所提供的服務，Mini Room 是使用者可以自行裝飾的個人空間、Mini Me 是使用者在 Cyworld 的化身，使用者可以自行設計這個化身的外型，橡實果幣則是在 Cyworld 中可以進行虛擬交易的貨幣。

元宇宙能做到哪些事？

　　實際上，在一九九〇年代後期至二〇〇〇年的中期之間，諸多第一二代元宇宙服務的發展受限於使用環境的限制和競爭服務的出現而失敗了，然而二〇二一年開始環境已經慢慢在改變，不再單純是仰賴電腦和智慧型手機，能夠讓人真正體驗 VR 的專用裝置也愈來愈划算，因此市場反應也相當熱烈。特別是 Facebook 在二〇一四年收購了 Oculus 後，新上市的 VR 裝置 Oculus Quest 2 和以往的產品相比功能更完善，價格也更加實惠，於是在短短四個月內便創下全球一百萬台以上的銷售佳績，該產品在韓國透過 SK 電信開賣時，也是甫登場便全數售罄，展現了超高的人氣。當然 Oculus Store 本身不斷推出優質的 app，進而促使市面上值得大家使用或遊玩的 VR 內容持續推陳出新，結果也等於是為這股熱潮推波助瀾了一番。此外，早在 VR 裝置開始普及之前，市面上早已如雨後春筍般出現許多讓人可以體驗元宇宙的服務，像是《要塞英雄》（Fortnite）、《動物森友會》（Animal Crossing）、《機器磚塊》（Roblox）等遊戲，以及「Zepeto」、「Horizon」❶等代表性的社群平台，多虧這些服務的出現讓元宇宙變得更加平易近人。

　　《要塞英雄》是一款由 Epic Games 公司出品的大逃殺類型遊戲（Battle Royal，也簡稱為 BR）。《要塞英雄》也在遊戲內提供了一個名為「Party Royal」的服務，裡頭沒有戰鬥，玩家們可以在這個空間裡一起聽音樂、欣賞演唱會，甚至販賣物品維生，或是和朋友挑戰極限運動等等，其實防彈少年團的《Dynamite》編舞版本 MV 最早就是在這個平台上發布；美國饒舌歌手崔維斯・史考特（Travis Scott）也曾在二〇二〇年四月二十四日在《要塞

17　Facebook 的虛擬實境社群平台。

英雄》遊戲裡開了演唱會，當時竟有一千兩百三十名觀眾同時參加。而《要塞英雄》遊戲中的音樂會實際上也提供了比現實更好的沈浸體驗，因為所有觀眾都能用他們精心打扮的虛擬化身來參與演唱會，在裡頭盡情跳舞奔跑。此外，舞台空間和歌手的裝扮也能超越現實，展現出最夢幻的模樣，給予觀眾一種最超然的體驗，光是讓觀眾在這種超然模式下建立的空間中盡情遨遊並一起同步狂歡，就已經是提供了和在 YouTube 等網站上看線上演唱會時大不相同的感受了。

其實《要塞英雄》和「Zepeto」等服務都還沒有使用 VR 裝置，只要在電腦安裝軟體或在手機上下載 app 就能使用。如果用前面筆者曾提到的元宇宙標準來衡量，則這些服務都還不足以被定義為元宇宙服務，不過我也相信未來可能會出現足以支援 VR、AR 的版本，能提供比現在更優秀的元宇宙體驗。另一方面，Facebook 所籌備的「Horizon」則是被開發成僅能在 VR 上使用的新型社群服務，Horizon 雖然和 Facebook 一樣是全世界每個人都能一同交流的社群平台，但卻提供了和 Facebook 截然不同的體驗。過去的社群網站是用文字、圖像、影像所構成的平面內容，人們透過靜止的內容來交換資訊；而 VR 社群服務則是讓人能在上面查看彼此的虛擬化身，並利用人們親自打造的各種物件來呈獻令人更有共鳴的體驗。人們在裡頭可以搭飛機到世界各地旅行、蓋大樓、烹飪、與人同樂，也可以親手創造各種不同的藝術品，對人做出手勢或是表情，就好像在現實生活中和人對話一樣，可以一邊閱讀對方臉上的想法和情緒⋯⋯和只能用貼圖來傳達表情、傳遞訊息的KakaoTalk 比起來，VR 社群也能夠讓人在對話時更精確的表達觀感。

在這樣的模式下，我們可以在元宇宙中重新體驗以前在網路或手機上也曾玩過的遊戲、社群媒體、觀看影片等各種網路服務，而這層體驗也比以往來得更加立體生動了。除此之外，市面上也勢必有更多以前不能實現的新服務會被打造出來，例如在充滿整個螢幕的空間上與人見面，一起在上頭拍

照、探索新空間、旅行、看電影或聽音樂等，讓人擁有與線下現實世界近乎相似，但又同時兼顧網路世界自由性的全新體驗。

所以說，在元宇宙上要怎麼賺錢呢？

以往在網路或行動裝置上，我們有過什麼樣的商業機會呢？各式各樣的商業模式例如：網路廣告、電子商務、音樂或電影等內容產品的銷售、房仲資訊分享，以及餐廳外送、叫車服務、貼圖銷售等，都是既有網路商業模式的主要收益來源，而元宇宙也是如此。隨著既有的網路服務在元宇宙上重現，原先就存在的商業模式也就順勢登上元宇宙盡情開展，只是這些方式或呈現手法終究會按照元宇宙的特性而隨之進化。先舉廣告的例子來看看吧，元宇宙並不是直接套用過去在網路上看過的橫幅廣告或搜尋廣告，也不是採用類似手機通訊軟體上的推播廣告和 Talk Channel❶⑱ 的方式，而是能在元宇宙的世界中，在特定的公司建築物或商品等形體上做廣告，其他像是家具、服裝、包包等物品都能基於廣告的目的而被製作出來免費提供，而當然販賣這類數位商品的商業模式也會開始盛行。除了上述的模式，就如同手機上有 app 商店，元宇宙上也會有類似 app 商店的商業模式，未來只要能在元宇宙上使用的各種服務都可以用 app 的型態在元宇宙上被銷售，目前已經能在 Oculus Quest 上使用的 app 商店已經有數千種的 app，甚至正以比手機 app 商店來得更高的價格銷售著。

而以前沒出現過的、只在元宇宙上可行的商業模式也可能被創造出來，

18　Talk Channel 是韓國通訊軟體 KakaoTalk 上特別推出的服務，其功能類似 Facebook 的粉絲專頁，提供給商業用戶及品牌在 KakaoTalk 平台上經營官方首頁之用，商業用戶可以自行設定主頁需陳列的資訊，例如店鋪位置、營業時間等，另有公告、部落格、即時通訊（類似 LINE 的官方帳號功能，另可安裝聊天機器人）等。另因法規要求，Talk Channel 上須完整陳列事業登記證內容，以供消費者查閱，因此也具有一定公信力。

甚至使用者也可以自行打造能在元宇宙上使用的商品來賣。就如同網路小說、網路漫畫可以有價販賣一樣，打造不具文字、圖像、音樂或影像等型態的數位物件再加以銷售的過程，在元宇宙世界中也是能夠充分實現的一種新型商業模式。

元宇宙雖然先是將虛擬空間具象化，但身處現實中的我仍需要如同操作電腦鍵盤滑鼠、瀏覽手機時滑動手指一樣，靠輸入裝置來做出動作。也就是說，當我的身體擺動或手在空中揮舞時，這些舉動也會原封不動的在元宇宙上呈現，因此我們並不是靜靜坐著使用這個服務，而是透過全身的活動去使用它，如此一來就唯有書桌、沙發、椅子的位置，以及牆與門等實際空間的方位都按照現實中的狀態在元宇宙中投射時，使用體驗才能稱得上是更加完整。如果在現實中坐在椅子上敲擊桌上鍵盤的行為能直接被應用在元宇宙的虛擬世界，我們就能夠獲得宛如真實般的虛擬體驗，當我們來到元宇宙裡沙發的位置旁並伸手觸摸它時，真實世界裡的沙發是真的被碰到了；而當我們在虛擬空間中朝椅子坐下來時，如果在虛擬空間裡也真的能坐下來，那麼真實與虛擬之間的界限便消失了；真的在我身旁右側的音響在元宇宙中也能看到，在元宇宙中播放音樂的時候，真實世界中的音響也傳來音樂，甚至當我們在元宇宙中將身體移向音響的右側時，現實中的音響也會落在相對位置的左邊，從左耳這一邊聽到音樂……如果要像這樣讓現實和虛擬世界合而為一，那麼元宇宙中的環境就必須先識別真實世界裡的家具、音響、鍵盤等物件的位置、大小、型態等內容，而這種辨識事物的技術以及將辨識到的資訊登錄在元宇宙的服務，將來也有望成為一門新的生意。

⬤　元宇宙的技術其實一晃眼也就過了二十年，就像智慧型手機在二〇一
　　〇年代才正式普及一樣，其實在更早的二〇〇〇年以前就已經有智慧
型手機的存在了，只是沒能成功大眾化而已。現在的元宇宙就像二〇一〇年
代的手機一樣正在慢慢打開大眾化的大門。隨著以 Oculus Quest 2 為始的各
種便宜又多元的產品被推出，元宇宙相關的服務和內容也將隨之傾巢而出。
如果在二〇二三年之後有更多裝置開始普及，元宇宙的服務就能逐漸站穩腳
步，在電腦、手機之後成為第三代的數位裝置，創造出嶄新的商業新生態。
與之同時，AR 等裝置的可用性也會有所改善，將和 VR 一起以新體驗的姿態
開拓出另一個市場，就像在智慧型手機普及後平板也跟著普及一樣，VR 之
後，AR 也有望形成一個規模沒那麼大、但也有所意義的新市場。

15 LTE就夠了，需要5G嗎？

若要用智慧型手機上網，必須有速度夠快的無線網路，LTE（4G）正符合要求。二〇一〇年 iPhone 在韓國上市時，智慧型手機用 3G 上網，速度很慢，收看的影片不但畫質很差，開啟地圖 app 或網路漫畫（webtoon）app 時，經常因為載入速度太慢等候很久。後來網路進入 LTE，速度大幅提升，行動裝置開始能流暢的使用網路服務，這樣不是已經很足夠，為何還需要5G？ 5G 的傳輸速度比 LTE 快上十倍，有必要這麼快嗎？雖然速度快一點當然好，但是電信業者的收費也會提高，有必要用到 5G 嗎？

LTE 與 5G 有什麼差異？

民眾願意淘汰只能打電話和傳簡訊的功能型手機（feature phone），主要是因為智慧型手機有 KakaoTalk、Tmap、手機遊戲（mobile game）等殺手級應用的關係。使用智慧型手機之後，民眾對宅配的民族、Kakao T、Naver Pay、Coupang、Instagram 等殺手級應用的用量增加，帶動許多產業領域產生變化。亦即新科技造就新的殺手級應用，在商業面則帶來典範轉移的巨變。5G 登場不只立刻會對通訊市場與其他產業帶來危機，也可能帶來轉機，因此必須了解 5G 可以如何運用在事業發展與商業活動。若要擬定因應方案或對策，應從技術面來認識 5G。

功能型手機的殺手級應用只有語音通話與文字簡訊（SMS），兩項都是通訊功能。在 LTE 的智慧型手機上，Tmap、Instagram、YouTube、KakaoPay、行事曆等，以前無法在功能型手機使用的 app 成為殺手級應用。

但是話說回來，智慧型手機最實用的殺手級應用還是跟功能型手機一樣，都是通訊功能的 app，例如：KakaoTalk、微信、WhatsApp、LINE 等，差別在於這些 app 可以免費撥打國際電話，也能同時與數十人多方通話、分享照片、傳送動態貼圖等多媒體內容。殺手級應用得以有如此發展，除了因為LTE 的網路速度變快，智慧型手機有 GPS、麥克風、相機、指紋辨識等功能，可搭配殺手級應用使用也是關鍵。

4G（LTE）與 5G 的技術面特徵為何？更快的速度？低延遲性（low latency）？光從這些面向比較 5G 與 4G，還不足以推論會有新的殺手級應用誕生。從網路的技術特性來看，邊緣運算（edge computing）與網路切片（network slicing）是 5G 與 4G 的特別之處。邊緣運算是電信業者在特定區域提供特別功能的小型雲端運算。雲端運算由中央伺服器對全世界提供服務，邊緣運算支援終端裝置（例如：智慧型手機）在近距離的伺服器進行資料處理。當中央伺服器發生系統過載、必須排除故障、遭遇資安問題時，邊緣運算是有效的替代方案。

網路切片是依照特定服務項目將網路分類，類似車道有公車專用道、大貨車專用道、超車車道的概念，萬一網路發生錯誤或障礙，才不會影響到其他分類上網。大概就像有專為汽車提供的網路，也有專為 Netflix 提供的網路，讓每一種裝置、每一項服務都能在快捷的網路環境通訊。

利用這些 5G 通訊特徵，未來可開發與現行 LTE 不同型態的服務、具有差異化的殺手級應用。以 5G 的快速傳輸與低延遲特性為例，可讓高畫質電影、要求大量資料傳輸的 VR 遊戲展現價值。不過這部分利用 Wi-Fi 也能解決，只是在 5G 的效果更佳，並非 LTE 就做不到，因此還無法稱為 5G 的殺手級應用。

當 5G 遇上商業活動？

　　韓國領先全球最早讓 5G 成功進入商用。5G 的成功與否將在殺手級應用分出高下。5G 在傳輸速度與低延遲的表現都比 LTE 優異。所謂的低延遲是智慧型手機與基地台之間的傳輸過程幾乎都沒有延遲，連線非常順暢。例如：用 5G 網路操作遠在另一邊的無人機（drone），因為網路沒發生延遲斷訊，因此無人機能快速回應，順利閃避障礙物或緊急改變飛行方向。這時若使用 LTE 網路發生網路延遲，就算操縱者按下按鈕，無人機也不會立刻有動作，凸顯 5G 特有的低延遲特性。

　　不過就算 5G 比 LTE 具有優勢，若缺乏可搭配 5G 優勢的相關服務，5G 的競爭力還是比不上 4G LTE。就像有十條汽車專用道路可供車輛快速行駛，結果沒有車子上路，這時空有專用道就是白費，或者雖然有專用道也有車輛，但車道的另一頭沒有新市鎮，這樣也不會有駕駛願意開上這條路。因此，若將 5G 想像成高速公路，沒有可以快速行駛的殺手級應用、服務、多媒體內容，5G 也是無用武之地。

　　這時若在智慧型手機以外的地方找尋 5G 的殺手級應用，應有機會從新上市的硬體找到答案。就像個人電腦搭配高速有線網路、筆記型電腦與 iPad 搭配 Wi-Fi 無線網路可達最佳網路效果，5G 也會有最適當的硬體設備成為殺手級應用。

　　5G 的低延遲性可應用在各種裝置，除了智慧型手機以外，也能在無人機、機器人、醫療設備、工廠機台等處創造價值。以遠距醫療手術與遠距無人機遙控為例，別說是一秒鐘，連〇・一秒的延遲都不能發生，這時 5G 就比 LTE、有線網路更能提供最佳網路環境。舉例來說，在地球另一邊的手術房內，醫師可用機器手臂與攝影機察看患者狀況並進行手術；遠距操縱海底探測機器人時，若有〇・一秒甚至於〇・〇〇一秒的畫面停格、機器手臂

移動延遲，會發生嚴重錯誤。這時若有 5G 網路，將不會有網路延遲性的問題，因此在講究精密的遠距操作時，5G 可成為優異的技術方案。

　　若 5G 結合邊緣運算提供 4G 網路無法達成的特別功能，立刻有機會成為新技術。例如：工廠、農場、沙漠中的石油開採設備、深山裡的軍事設備、深海的探測設備等，針對這些物理上與雲端運算伺服器距離遙遠的特殊環境，若將 5G 與邊緣運算結合，就能成為原本無法做到的解決方案，成為5G 的商業機會。

超高速 5G，不會只停留在智慧型手機上網

　　微軟的開發套件 Azure Kinect、混合實境（Mixed Reality）智慧眼鏡HoloLens 2，以及其他 VR、AR 裝置都非常適合搭配 5G。5G 具有優於Wi-Fi 的無線通訊，網路速度也比有線網路快，與新興的顯示器裝置堪稱絕配。這些裝置將以各種多媒體內容，對使用者帶來比電視、個人電腦、智慧型手機都還前所未有的體驗，舉凡遊戲、教育、電影、音樂、漫畫等既有內容，將以完全不同的型態重新對大眾呈現。因為就算是相同的漫畫、影片、照片，透過 VR 或 AR 觀賞，視覺感受將完全不同，這就是殺手級應用，新的商業機會也由此而來。亦即，光是把原內容做成不同的使用者體驗，就能成為優秀的殺手級應用。5G 可助 VR、AR 顯示器將原內容以新的使用者體驗呈現，這種顧客體驗很快就能成為殺手級應用。

　　5G 的殺手級應用若要更容易貼近使用者，網路收費方式就相當重要。因為不管殺手級應用有多方便，如果花費過高，願意使用的人就不多。民眾在選擇 5G 資費方案時，不能只考慮智慧型手機的網路用量，也要連智慧手錶、平板電腦、汽車、VR、網路監控攝影機（IP camera）、掃地機器人等，所有個人或家庭所使用的裝置都要列入考慮。亦即，要以使用者行為預

估 5G 用量,而非以裝置進行評估,未來才不會因為有多個硬體裝置需要搭配 5G 使用必須個別付費,且總體的資費估算會比個別資費加總划算。使用者減少金錢上的負擔,才有助於 5G 殺手級應用造就的硬體裝置普及,增加殺手級應用的使用。

整體來說,若要讓 5G 的殺手級應用更多樣化,必須要有新的硬體裝置,以及支援各種硬體裝置的技術,例如:邊緣運算、網路切片等技術。不能只像網頁對個人電腦、app 對智慧型手機過於單一。網路切片就像在高速公路規劃專用車道,將網路分割,分為特定頻段的通訊專用網、影像專用網等。這樣一來,就算特定服務的網路使用量增加,也能確保其他服務維持穩定。

5G 時代不只生產硬體裝置的製造業者重要,電信業者的角色也逐漸吃重。電信業者必須依照各種硬體裝置的用途,提供適當的網路技術與邊緣運算解決方案,同時也要推出適當的資費方案,才能形成適合 5G 的殺手級應用生態圈。

資通訊技術的發展過程,一直都在幫人類節省時間。現在的電腦處理速度跟三十年前相比,簡直快到難以想像,民眾使用的網路速度也是每年不斷提升,軟體效能愈來愈好。就像汽車愈跑愈快,數位科技也是愈來愈快,不管速度或效能加快,都是幫人類節省時間。假設以前下載一 GB 的檔案得花十分鐘,現在用十秒鐘就能下載完成,這就是節省時間。時間寶貴無法用金錢衡量,科技不斷發展以節省有限的時間。若從這個角度來看,5G 毫無疑問是比 LTE 更有用的技術。但是因為 5G 的價格相對較高,應以更有生產力的方式使用 5G。亦即,商業機會存在於能否開發出以更高生產力、愉快心情、方便使用的 5G,提供這種價值的服務就是殺手級應用。若

能開發這種殺手級應用或培養相關投資的眼光，就有機會在 5G 時代掌握機會。

16 電腦繪圖創造的虛擬人類

　　足以以假亂真的數位物件（digital object）在電視上擔任主播、在Instagram 成為名人、在 YouTube 以歌手身分登場。一開始觀眾認為這些數位物件是外型姣好的真人給予喝采，後來得知是電腦創造的虛擬人物，反而更有興趣。由電腦繪圖加工的虛擬網紅（virtual influencer）雖非真人，卻能成功引發人氣。這些電腦創造的人物可稱為人工人類（artificial human）、AI 人類（AI human）或虛擬人類（metahuman）。

虛擬人類的躍進，誕生為虛擬網紅

　　由電腦繪圖創造虛擬人類可追溯到二十年前，一九九八年韓國網路歌手Adam、柳始雅（Lusia）、Cyda 等是早期代表人物。這些虛擬人類只有臉孔是由 3D 繪圖製成，歌曲演唱則由真人代唱，以此方式在鏡頭前亮相。雖然現在看來覺得技術粗糙、缺乏真實感，但當時卻蔚為話題頗受關注。只是這種技術若要上多種節目、接受訪問、擴大演藝活動領域，每次都必須重新編輯影像，成本過高導致業者不堪負荷，演藝事業無疾而終。

　　二十年後的現在，電腦繪圖技術不止進步，還有 AI 作為基礎，因此畫出來的臉部表情、聲音、動作，都與真人非常相似。由於也有利用非虛擬空間的真實世界作為背景，直接讓電腦繪圖影像或照片在真實背景呈現，逼真程度足以以假亂真。此外，技術發展讓製作成本減少，現在虛擬人類可以在任何地方表演。

　　AI 與 3D 引擎的技術發展之後，出現不肖之徒盜用藝人或政治人物的肖

像及聲音，惡意合成影像，引發深偽技術的社會問題。但是多虧 AI 人類、虛擬人類的技術進步，才能成就虛擬網紅。若與二十年前的 Adam 相比，現在的虛擬網紅讓人無法一眼辨真偽，幾乎像是人工人類。

Lil Miquela 是在 Instagram 擁有三百多萬名追隨者，以模特兒兼音樂人身分活動的人氣虛擬網紅，拍攝一支廣告收入動輒上千萬韓元，二〇二〇年收入高達一百三十億韓元，目前持續擔任精品的廣告模特兒，活躍於螢光幕前。日本業者推出的虛擬模特兒 Imma 也曾住宿瑞典家具賣場 IKEA 的東京原宿店，在裡面表演吃喝及睡覺，進行為期三天的產品宣傳。韓國創意工作室 Locus 推出名為 Rozy 的虛擬人，二〇二〇年八月開始在 Instagram 活動，起先工作室未說明 Rozy 並非真人，被不少人誤會。後來 Rozy 接到包括新韓人壽（Shinhan Life Insurance）在內的韓國知名企業廣告合約。

虛擬人類的操縱者

在社群媒體、YouTube、電視節目等各種媒體通路活動的虛擬人類不只存在線上，也會在我們生活的真實世界，展現像人一樣吃東西、喝飲料、玩樂的模樣，令人產生錯覺，聲音也是 AI 創造的獨一無二音色。因此，虛擬人類算是不會老也不會死，還可二十四小時活動的長生不老人物。

不過若將 AI 可以口無遮攔發言的技術應用在虛擬網紅上，背後隱藏極大風險。業者不可能放心讓 AI 虛擬網紅單獨接受採訪，自己回覆留言，必須由經紀人徹底控制。亦即，虛擬網紅的留言或訪談內容不會全部依賴 AI 進行，會有人員介入。換句話說，虛擬網紅的表面雖然由電腦技術創造、包裝，骨子裡還是人。要拍照或錄影時，攝影師會先對人進行拍攝，之後才利用 AI 技術換臉，也會視情況提高擬真程度。接受訪問也是由人來做，利用深偽技術改變聲音與臉部，絕不會百分之百靠 AI 技術操作虛擬人類，必定

會有人員介入。

　　虛擬人類在企業廣告市場受歡迎的理由有二。第一、虛擬人類受 MZ 世代歡迎。第二、虛擬人類比真人好管理，不易因為個人行為或風評影響代言的品牌形象，虛擬人類絕對是在完整規劃後才有作為。

虛擬人類若要在元宇宙與人和諧共存

　　我們必須注意虛擬人類，因為虛擬人類是搭配元宇宙的最佳夥伴。對活躍於線上與線下的虛擬人類而言，最佳空間就是元宇宙。元宇宙是包括線下的立體、現實空間，以及線上有高自由度的第三個世界。元宇宙算是虛擬人類最舒適、最完美的世界，可成為虛擬人類更自由活動的舞台。

　　虛擬人類無法存在現實世界，頂多就是以合成照片或影像的方式呈現，參加線上活動也是悶，必須被關在四方形的顯示器螢幕內，並非即時、直播式的表演。場所若換成元宇宙，虛擬人類就有無限空間可自由運用，能唱歌、聊天、跳舞。未來在元宇宙的世界，人類與虛擬人類將和諧共存。

　　屆時我們該如何看待虛擬人類的身分（identity）？我與我製造的虛擬人，其身分只存在我的內心嗎？還是虛擬人本身也有身分？虛擬人的身分是固有的，與任何人都無關？虛擬人雖然只有一個，每個人都能對其賦予不同的身分嗎？元宇宙世界的虛擬人類與現在的虛擬網紅不同，將與人各自形成不同的關係，與我們一起生活。

17

元宇宙中的遊戲貨幣，
跟加密貨幣有何差異？

電玩遊戲《機器磚塊》對十多歲的年輕人而言不只是遊戲，還能在遊戲裡結交朋友、聊天、看演唱會、聽音樂等，接近於網路服務。《機器磚塊》裡的貨幣名稱為 Robux，自成一套有系統的交易，玩家可利用購買的 Robux 幣在遊戲內購買表情貼圖或進行遊戲。Robux 幣也可透過「DevEx 開發者匯兌」系統交易，每次累積到十萬 Robux 幣，就能以三五％的匯率兌換成美金。Robux 幣與比特幣（Bitcoin）有何差異？

遊戲貨幣是真的錢嗎？

《天堂》（Lineage）系列遊戲利用天堂幣（Dia）進行交易。每款電玩遊戲都有自己的遊戲貨幣，達成遊戲中的任務可獲得遊戲貨幣作為獎勵，用來購買遊戲道具、執行特定遊戲功能，也能轉換成現金。《天堂》系列的裝備交易價格高達數百萬至數千萬韓元，玩家取得這些道具可更快達成遊戲任務，讓遊戲角色更快晉級，所以願意支付高價購買。雖然遊戲裡的貨幣不能拿到真實世界買東西，但可將遊戲貨幣轉換成現金，類似韓國早期社群軟體 Cyworld 裡的橡實果幣，可視為數位貨幣。

每款遊戲都有自己的貨幣，這些貨幣都不能當作真錢，只是一種數位貨幣，在限定範圍內才能使用，也有像天堂幣或橡實果幣必須在一定條件下轉換。不過，玩家雖然可用真實世界的金錢去購買遊戲裡的貨幣，遊戲貨幣大都無法反向兌換成錢，只能永遠留在遊戲內使用。簡單來說，遊戲貨幣只是專門用來玩遊戲的貨幣，原則上無法變成現金在真實世界使用。

反觀比特幣，以區塊鏈為基礎創造的加密貨幣，就可透過交易所轉換成現金。民眾以現金買入加密貨幣，也可反向操作，隨時將加密貨幣兌換成現金取回。雖然加密貨幣在線上與線下市場的商品交易非常受限，但對全世界任何擁有加密貨幣錢包的使用者轉帳卻很方便。經過前面的比較，應可看出遊戲貨幣與加密貨幣在本質與用途上，雖然都是貨幣，交換價值完全不同。

科技速學 ○

星巴克的任務集點是錢嗎？

星巴克經常推出任務集點活動，消費者若購買指定飲料，就能獲得點數或集章，累積到一定數量就能兌換星巴克的贈品，或者轉贈給其他星巴克使用者。由於任務累積的點數不能兌換成現金，因此很難將點數看成錢。那麼韓國的 OK Cashbag 積點是錢嗎？由於 OK Cashbag 的點數可用現金購買，點數也能兌換成現金，在特定網路商店、線下賣場還可以在結帳時當作現金使用，這種由企業推行的點數制度，用途上有時候等同於貨幣。

加密貨幣只是投機吧，要用在哪兒？

加密貨幣的價格為何不斷波動，到底有什麼價值？

上市公司的股價波動主要受到企業營收與未來發展影響，造成企業的價值改變。加密貨幣的價格波動也是如此，價值受未來市場預期影響，隨時有所變化。但是企業股價的波動幅度不如加密貨幣來得大，漲跌幅若超過一定水準，主管機關就會介入，對投資人發出警訊。加密貨幣市場的相關規範與

保護機制不足，讓加密貨幣的價值可能在一天之內上漲或下跌數十個百分點。

　　此外，加密貨幣的種類很多，全世界的交易所也多達數千個。韓國投資人雖然能購買美國、英國、台灣的上市公司股票，實際要開戶並不容易，反倒是要在加密貨幣的交易所開戶，就像註冊新的電子信箱一樣簡單。此外，每家交易所上市的加密貨幣不同，以韓國為例，Korbit、Bithumb、Upbit 等交易所裡的加密貨幣就不同。而且就算 A 交易所與 B 交易所都有比特幣，交易金額也不一樣。尤其海外交易所與國內交易所的加密貨幣價格差異最多達到二〇％，因此吸引投機客從中套利，在海外交易所以美金買入比特幣，對韓國交易所匯款後，再從韓國的交易所以韓幣提款賺取匯差。

　　加密貨幣到底基於何種價值，價格不斷反反覆覆？加密貨幣依照貨幣種類，各有各的用途與未來應用價值，類似企業的策略與事業內涵。不過多數人並非考慮加密貨幣的投資價值進行投資，而是以小道消息或眼前獲利投機，才會增加風險，讓加密貨幣的價格宛如搭乘雲霄飛車。

　　但是並非所有加密貨幣都充斥欲望與投機，比特幣、以太坊（Ethereum）的以太幣（Ether）等若干加密貨幣就具有明確目標，持續拓展用途以提高自身價值。例如：運用加密貨幣的通用性及可透過網路在全球匯款特性，應用在海外匯款。也有將加密貨幣開發成現行貨幣不易發展的金融商品，或當作環保能源、特殊物流、貿易、合約、認證的證明方式。這時就不能稱加密貨幣是一種投機。

科技速學

加密貨幣要怎麼買賣？

購買加密貨幣有兩種方法：透過交易所買賣或使用加密貨幣電子錢

包。交易所內可查看加密貨幣的市價、了解漲跌幅及各種資訊，匯款、提款、買入、賣出都可簡易操作。國內外有許多交易所，最好的方式是使用容易獲得客服協助的國內交易所。每家交易所收取手續費的方式不同，經常買賣的投資人會找手續費低的交易所。電子錢包雖然操作上比交易所不方便，但手續費相對低，且技術上電子錢包直接在創造加密貨幣的區塊鏈系統上交易，立刻記錄交易明細，可達成較萬無一失的交易。交易所將所有交易內容記錄在交易所的系統，雖然方便追蹤資金流向，但使用電子錢包，若缺少使用者的認證，絕對無法回收資產或搶奪，當然也不能隨便查看資金轉出轉入或匯款明細。

在元宇宙該如何兌換數位貨幣？

　　經濟系統是元宇宙重要的構成要素之一，讓元宇宙的使用者能自由進行交易，所以才說遊戲貨幣、加密貨幣這類數位貨幣和元宇宙根本是天作之合。

　　在元宇宙中，若要在平台業者提供的 app 商店進行購買或購買布置虛擬環境的道具，必須登錄結帳方式，類似在智慧型手機 app 商店裡登錄信用卡卡號。未來若要讓元宇宙的使用者能互相交易，需要有專用貨幣，否則使用者以銀行匯款或信用卡結帳，只是徒增不必要的交易手續費，且結帳過程繁瑣，不利在元宇宙內發展自由交易。

　　假如能在元宇宙內導入數位貨幣，交易變簡單變快，可促進交易頻率增加，經濟系統將變得熱絡。這樣是否該像遊戲一樣，導入自主的貨幣制度？還是以區塊鏈為基礎創造新的加密貨幣？或乾脆連結已有的加密貨幣直接使用？

　　在元宇宙內若使用自主的數位貨幣，肯定便於管理，但是離開元宇宙到外面的世界，該貨幣就變成無用武之地，得另外建立匯兌系統、考慮資安問題等，一切變得很麻煩。若以區塊鏈為基礎創造新的加密貨幣，似乎又殺雞用牛刀、小題大作。直接與現有的區塊鏈加密貨幣連結，在不同的元宇宙之間也可當成已標準化的貨幣使用，不論匯款或存提款都很容易，使用者之間也能在元宇宙從事各種商品交易。不過加密貨幣具有價格波動幅度大的特性，如何維持價格穩定至關重要。因為若要作為價值交易的貨幣，最重要的就是維持穩定價格。

　　遊戲貨幣、加密貨幣、點數等數位貨幣，會因為發行的企業、機關不同，價值與持續性也不同，因此不該認定加密貨幣就是投機，遊戲貨幣就是詐欺。重點在於不可將這些數位貨幣當作滿足貪念或欲望的手段操作，應確實用在遊戲或元宇宙的服務，之後若清楚該貨幣發行機構的長期願景，認同也有意願進行投資，這時就可以嘗試。對這種創造未來的最新技術不要僅止於稍做體驗、價值判斷與使用，應進一步嘗試投資或構思可發展的新事業，以更主動、積極的態度面對未來。

---

18 元宇宙，新的商業機會

　　二〇〇七年第一代 iPhone 問世，我開啟地圖 app 就覺得新世界已經來臨。不僅是我，周遭的使用者看到智慧型手機比一般手機還大的螢幕、方便輸入的鍵盤、用行動裝置上網的興奮，無不為之瘋狂。後來也確實發現用行動裝置上網的時間比看電腦網頁多，與行動裝置有關的商業機會也愈來愈多。Uber、宅配的民族、Instagram、KakaoTalk、Naver Pay 等，如果沒有智慧型手機，這些根本是我們難以想像的服務。如今距離智慧型手機問世一轉眼已過了十年，所謂的元宇宙世界正在展開，即將成為另一個典範。

元宇宙在 Web 3.0 開花結果

　　世界上有戴眼鏡的人和沒戴眼鏡的人，戴眼鏡是因為視力不好，看不清楚物體。元宇宙則是必須戴上頭戴式裝置才能看清楚的新世界。這種裝置被稱為 VR、AR 裝置，戴上它就能看見與原本完全不同的世界。其實很久之前就有 Google 眼鏡（Google Glass）、Google CardBoard、三星電子 Gear VR、HTC Vive、Sony PlayStation VR 等相關產品，元宇宙不是這一兩天才出現的新詞彙。但二〇二一年元宇宙突然成為熱門話題，主要與 Facebook 在二〇一四年三月斥資二十億美元購併的 Oculus 有關。Oculus 是美國虛擬實境產品業者，二〇二〇年推出了 Oculus Quest 2。

　　相較於二〇一九年上市的 Oculus Quest 1，Oculus Quest 2 的產品效能與方便性有所提升，且價錢降低，售價約三百美元，是性價比高的產品。加上 Facebook 持續投資打造適合 Oculus 的生態圈，增加相關內容，元宇宙因此

獲得關注。在韓國由 SK 電信銷售的 Oculus Quest 2 大受歡迎，首批貨量與追加銷售幾乎都是秒殺，由此可知熱門程度。若將 Oculus Quest 2 與以往的 VR 裝置做比較，Oculus Quest 2 是無線上網，不用連接電腦可獨立使用，改善使用者暈眩、裝置過重、發熱等存在已久的問題。有許多用 Oculus Quest 2 體驗過人氣遊戲或收看 VR 影像的使用者表示，Oculus Quest 2 會讓人進入忘我境界，比第一次操作滑鼠、第一次使用智慧型手機更驚艷。只是如果使用 Oculus Quest 2 的時間太長，還是會感覺頭痛、暈眩或疲勞，但這部分相對於其他產品表現已經算好。不過也有少數第一次接觸的人因為虛擬情境覺得混亂。

　　這麼說來，元宇宙一定要有新上市的裝置才能使用嗎？元宇宙構成的世界裡，元宇宙服務與原本的網頁或行動裝置 app 服務又有什麼不同？

　　外界對元宇宙的定義或多或少都有不同，不過有個共通點──元宇宙超越人類居住的現實世界與網路構成的虛擬世界，是第三個新世界。也就是大家都認同元宇宙是具有不同世界觀的生態圈，只是在呈現過程或型態有不同見解。有人說元宇宙可利用 VR 或 AR 等新興數位裝置連線，也有人說元宇宙與頭戴式裝置無關，不管透過網頁或行動裝置，重要的是將自己的身分投影在不同身分上，讓虛擬分身成長。但是不論元宇宙的呈現方式或連線方法為何，至少還要再等五年，元宇宙才能在網頁、行動裝置、VR 與 AR 裝置之間整合。依照使用者體驗的完整程度與連線方式，元宇宙雖然可能不同，但最終還是應該不分裝置或平台都可以隨時連線，才能延續元宇宙世界的永續發展。

　　二〇〇三年由美國科技公司 Linden Lab 推出的線上虛擬世界《第二人生》可視為元宇宙的早期版本。元宇宙也是二十年前網際網路逐漸普遍時就存在的概念，業者持續發展到現在。《第二人生》不是遊戲，不是討論區或部落格，也不是以網頁作為基礎，當然更沒把腦筋動到像 VR 這樣的裝置

上，只是利用效能非常低落的電腦與很慢的網路速度呈現。換句話說，元宇宙在有先進技術支援之前就已經不是空想，早就被實現過。

在《第二人生》出現的二〇〇〇年代之前，一九九五年韓國就有 Alpha World、World Chat、The Palace 等聊天服務，這些服務也是透過虛擬人營造虛擬空間，並且與使用者對話，只是細緻程度不如《第二人生》，無法創造數位物件、不能購物、不能進行房地產交易、不能就業，無法從事經濟活動，但是依然可與人見面、在裡面移動、對話，體驗初級程度的元宇宙世界。

百聞不如一見！歡迎來到元宇宙的世界

先前提到對元宇宙的各種嘗試，多虧有科技進步，虛擬影像才能完美呈現。現在我們能體驗的元宇宙有哪些？

大致上可分為三類。

第一、類似《要塞英雄》、《機器磚塊》、《當個創世神》的遊戲。《要塞英雄》雖然是大逃殺遊戲，但可在 Party Royale 的 3D 空間內與人見面、聊天、看表演、聽音樂。業者曾邀請知名歌手在《要塞英雄》脫離地心引力的空間遨遊、跳舞、與玩家互動，舉辦新概念的演唱會。

《機器磚塊》與《當個創世神》的玩家可直接編寫程式設計遊戲，或在遊戲中開發必要的道具與環境。不同於傳統電玩遊戲，這裡可在虛擬世界裡創造、交易、與玩家互動，像是讓人過著第二個人生。雖然一切從遊戲開始，後來發展成服務平台，可從事創作、遊戲以外的活動。因此，這些遊戲被稱為元宇宙。《機器磚塊》是 Roblox 公司推出的同名遊戲，Roblox 執行長大衛・巴斯佐茲基（David Baszucki）認為《機器磚塊》就是元宇宙，以此作為公司的願景。巴斯佐茲基表示，元宇宙的概念已經構思很久，公司的夢

想是實現元宇宙，超越看似接近的程度，要讓元宇宙感覺就像真的。二○二一年三月 Roblox 已經在紐約證券交易所（NYSE）掛牌上市，企業價值約四百五十億美元。若與二○二○年二月 Roblox 進行 G 輪融資時的企業價值約四十億美元相比，相隔一年公司身價已大漲十倍。

　　第二、以元宇宙作為構想，開發出的新概念立體服務。例如：由 Naver 子公司 Snow 推出的 Zepeto、SK 電信的 Jump、Facebook 的 Horizon、微軟的 AltspaceVR 與 Spatial 等。這些服務有些必須與 VR、AR 裝置連線才能動作，有些是開啟網頁或 app 就能使用，也有一些支援各種平台。重點在於這些服務能讓使用者遨遊在空間之中，並且與其他物件互動，一起進行各種活動。若搭配 VR 裝置使用，將獲得更豐富、新穎的感受。

　　這些服務的共通特徵是透過虛擬人類在各個空間穿梭，與其他人物見面、聊天、一起拍照、看書報，使用者也能在空間內配置其他物件，使物件移動。在若干項目裡，使用者可直接創造人物角色，後續還能一起看電影、聽音樂，像在真實世界與朋友互動一樣多采多姿。

　　第三、以 VR 或 AR 為基礎呈現的服務平台。若說前兩種服務類似 Facebook 在電腦網頁、KakaoTalk 在智慧型手機的使用，第三種就是由 VR、AR 裝置提供的空間。就像打開電腦會出現螢幕桌布，搭配滑鼠和鍵盤操作 Windows 作業系統，打開混合實境裝置，就能看見融合現實世界與虛擬世界的平台。戴上 Oculus Quest 2 打開電源，眼前就會出現 3D 立體空間的背景，使用者可像更換電腦螢幕桌布一樣改變虛擬空間，也可像在智慧型手機安裝 app 一樣，利用平台下載軟體安裝遊戲、觀賞 3D 影像，當然也可安裝 Spatial 與 Horizon 使用。

　　若戴上微軟的 AR 裝置 HoloLens 開啟電源，可在使用者置身的現實空間配置數位物件。使用者啟動 HoloLens 後，用右手手指輕壓左手手腕，就能開啟 HoloLens 的開始功能表，類似開啟 Windows 的開始功能表，將網頁瀏

覽器打開固定在牆面，也可執行相片 app 將照片放在書桌上、將 Skype app 放在廚房、將 Netflix app 放在客廳，將裝有全家福照片的相簿放在臥室床頭。就算關閉 HoloLens 電源，改天再啟動時，這些數位物件依然會在原處不會消失。AR 與 VR 不同，AR 是在現實空間將數位影像固定，因此可讓類比與數位結合成為新的體驗。

若在 Oculus 裝置上使用 BigScreen app，將可呈現如同電影院般的大螢幕，看比電影院銀幕還大的電影。Oculus 也可播放 Netflix 或儲存在個人電腦的影像檔案，因此可邀請朋友一起談天說地順便看電影同樂。Oculus 的畫面大小遠超過在電腦或電視呈現的尺寸，讓人有置身於電影院的錯覺。

微軟的 HoloLens 還可辨識外部事物，將各種數位物件與真實空間配對擺設，提供另一種新體驗。未來若電腦或平板電腦等運算裝置與物聯網設備連線，這些數位裝置就可利用 HoloLens 控制，與 HoloLens 創造的數位物件相互搭配。屆時可在使用中的電腦螢幕旁邊擺放一台虛擬螢幕，用手指觸控實際電腦螢幕進行操作。

這種以混合實境裝置為基礎呈現的平台，本身就是元宇宙，比前面描述過的遊戲 app 或元宇宙服務涵蓋更廣，以強而有力的方式運作。

科技速學 ○
電影中的元宇宙

觀賞以元宇宙為素材拍攝的電影是體驗元宇宙的另一個方式，代表作品有《一級玩家》（*Ready Player One*），故事以 VR 為主軸，講述未來的人們為了逃避現實世界的混亂，投入名為「綠洲」（OASIS）的虛擬網路遊戲，沉迷於類似 Oculus Quest 2 的 VR 裝置虛擬實境。另一部電影《駭客任務》（*The Matrix*）也是以元宇宙為素材，描寫現

實世界裡人類被機器主宰，囚禁在規模龐大的工廠，藉由連結人的腦神經傳遞訊號，真實呈現人類生活在人工智慧建立的虛擬空間樣貌。此外，由詹姆斯‧卡麥隆（James Cameron）導演的電影《阿凡達》（*Avatar*）講述下半身癱瘓的殘障人士，利用遠距操控替代自己的虛擬人物，在外星球執行作戰任務的擬真體驗。其他還有布魯斯‧威利（Bruce Willis）主演的《獵殺代理人》（*Surrogates*）、克里斯多福‧諾蘭（Christopher Nolan）導演的《全面進化》（*Transcendence*）等電影，也都是描寫元宇宙。

特別是在亞馬遜 Prime（Amazon Prime）首播的美國科幻影集《上傳天地》（*Upload*），描述人類可利用意識上傳（mind uploading）技術，在肉體變老或遭遇意外死亡之前，掃描腦神經並且上傳，屆時肉體雖然消滅，意識仍可存在於網路的未來世界。這種網路內的世界雖然是電腦創造的虛擬環境，但對只剩下意識的人來說，還是能以意識存活。故事中，只剩意識存在虛擬世界的人，甚至能與現實世界擁有肉體的人們連結，一起聊天、吃飯、過生活。雖然每部電影描寫元宇宙的方式不同，基本上目前元宇宙在發展的終極樣貌，已經透過電影情節的想像逐漸實現。

元宇宙如何改變產業？

就像網頁與行動裝置對許多產業領域帶來影響，元宇宙也一樣，在遊戲、表演、演唱會等娛樂與教育領域，以及提高生產力的會議運作、文件製作、樣品開發等，元宇宙將比目前的電腦與智慧型手機為使用者帶來更優質的體驗。未來將藝術作品或建築物做成數位物件並且進行交易的市場也會誕

生。

　　就像智慧型手機有 app 商店，Oculus Quest 也有商店，銷售各種 app。行動裝置問世初期，應用軟體以遊戲為主，之後逐漸有各種服務，帶動交通、商業、宅配、通訊、房地產等市場產生變化。元宇宙也是如此，初期以遊戲、影像、小說為主，之後將在工作、創作、教育商業等各種產業領域帶來創新。

　　若在遠距醫療、任務合作、業務處理採用類似 AR 的技術，應有助於提高醫療與製造領域的生產力。預估 AR 裝置在房地產、室內裝潢領域的應用機會也會增加。這麼一來，企業在元宇宙市場會遭遇何種品牌策略與行銷機會？

　　元宇宙可能呈現比現實更逼真的現實。建築物與道路、山與海都可以完整複製呈現。由於這些景物都是數位物件，因此可以修改或增減。例如：大樓外牆數位電子看板（digital signage）播放的廣告，可修改成與真實影像不同，也可將電子看板做成河流或海洋。就像在 Daum 網頁上刊登橫幅廣告，元宇宙服務內的橫幅廣告更逼真、更有立體感。

　　利用 AR 可在現實世界做虛擬投影顯示資訊，這也可以成為一種廣告方式。就像利用 Naver 關鍵字檢索結果刊登的搜尋廣告，在 AR 也能將廣告資訊包裝成訊息一樣呈現。使用者不用特別搜尋美食餐廳，只要盯著餐廳看，菜單與顧客評價就會自動顯示在眼前。對於有支付廣告費的業者，AR 顯示的訊息會更顯眼，甚至搭配廣告人物登場說明。

　　陳列在賣場貨架的產品資訊，若屬於有支付廣告費的業者產品，可將優惠折價資訊一併顯示在眼前。

元宇宙的沈浸式廣告

就像 KakaoTalk 的表情貼圖有些是企業以廣告的方式提供，在元宇宙的虛擬環境裡，同樣也能讓企業作為宣傳用途。例如：可讓三星電子的家電產品作為虛擬空間的背景，也可在虛擬環境的空間配置為企業宣傳的裝置品或建築物。

透過 VR 看到的空間裡，可辨識現實中的沙發、家具尺寸及形狀，等比例移動到虛擬空間。以這種方式移動的家具利用數位技術重新顯像，因此可改變顏色或外觀設計。家具業者可將數位設計的家具圖樣生產成實際產品，作為一種行銷手法。

此外，如同在元宇宙的服務內，企業可將物件作為商品銷售，當然也能採取置入性行銷（placement marketing）廣告。例如：將星巴克的馬克杯、可口可樂（Coca Cola）的汽水瓶、必勝客（Pizza Hut）的披薩做成數位物件，經常在虛擬空間曝光，自然可強化大眾心目中的產品與品牌連結。

又如同網頁有橫幅廣告、搜尋廣告、利用 YouTube 的置入性行銷與串場廣告（bumper ads）、覆蓋式廣告（overlay ads），行動裝置有 KakaoTalk 推播廣告等，只要有人潮的地方就有行銷機會，差別只在行銷方式與廣告型態不同。繼網頁、行動裝置之後，元宇宙是新的資通訊平台，不同於原本的 2D 畫面，以立體空間提供服務，因此沈浸其中的身歷其境感覺更深刻，停留在記憶的時間更長，可更使人著迷。接下來的行銷手法將是與以往完全不同的型態，若想對這方面有更多了解，最好實際進入元宇宙世界體驗一番。一定要自己先試試看才知道可以如何運用，以現實的角度加以理解，才能對元宇宙的廣告、行銷更有感覺。

科技速學

元宇宙改變的商業活動

網路商城從網頁開始之後，在主題內容、媒體產業等領域帶來最多改變與創新，原本零售業的商業模式以網頁為基礎加入數位轉型，大幅改變消費者的購物體驗。元宇宙也會對零售業者與消費體驗再一次帶來巨大改變。若比較線下購物與線上購物，毫無疑問是不同體驗。線下購物用雙腳到處逛、到處看、到處採買，感受購買欲突然受刺激的喜悅，也可以直接觸摸比較、與家人或朋友同行，甚至於置身在人擠人的商場也別有趣味。相形之下，線上購物偏向於比較產品資訊、參考其他消費者的評價、找到最便宜的賣家，不論坐在客廳、躺在臥房、在上班途中的公車上都能尋找產品，動動手按幾下手指，立刻就能找到人氣商品。未來在元宇宙的商業活動，將可同時體驗結合線上與線下購物的優點。元宇宙內可看到依照不同賣場布置的裝潢，環境就像實際百貨公司或賣場，有貨架陳列展示，拿起商品就能看到其他使用者的評價。衣服能讓自己的虛擬分身試穿，眼鏡也能試戴，當然也能與家人或朋友一起逛逛元宇宙的購物中心，一起享受購物樂趣。

元宇宙像下毛毛雨，逐漸滲透進日常生活，與電腦、智慧型手機有所不同。電腦是從學校的教育目的、社會上的辦公目的開始發展，逐漸往家庭普及；智慧型手機則以二三十歲的上班族為主，向其他世代使用族群擴大。元宇宙將從十多歲青少年遊戲中的社交活動與行動裝置元宇宙服務最先開始，經由 VR 裝置往十幾二十歲族群傳播。亦即，電腦是以場所為主，智慧型手機是以上班族為主擴散，元宇宙將以十幾歲、MZ 世代為主最先普

及。但是，千萬不可將元宇宙視為只是孩子的遊戲，認為像上網路咖啡廳打電動。因為年輕一代會在元宇宙裡從事社會活動、讀書、甚至於經濟活動，必須將元宇宙看成第二個社會空間，否則就會出現代溝。元宇宙爆炸性的吸引 MZ 世代，必須對元宇宙有正確認知，才能理解年輕人的新世界，協助這種新世界健全發展。若刻板認為元宇宙只是另一種遊戲，隨意謾罵，將無法與 MZ 世代溝通，也不能對元宇宙的形成給予有意義的幫助。

19 元宇宙時代要往哪兒投資？

依照二〇二一年六月的資料為基準，美國那斯達克股市企業市值排名前五依序是蘋果、微軟、亞馬遜、Google、Facebook，第六名是台積電，緊接著是特斯拉與阿里巴巴。這些業者都是以科技為基礎嘗試產業創新的數位企業，被視為在智慧型手機、電動車等新興數位典範之下的受惠股。這麼說，元宇宙能提高哪些企業的公司價值？

Facebook 與微軟為何自主製造晶片？

若要問行動裝置時代成長最多的業者，無疑是蘋果與三星電子，這兩大智慧型手機業者，接著是生產智慧型手機記憶體與顯示器的 SK 海力士（SK Hynix）、樂金顯示器（LG Display）等，以及提供通訊服務的電信業者與成功利用行動裝置服務作為商業模型發展的軟體業者。那麼，元宇宙能讓哪些企業成為受惠股呢？

生產 VR、AR 裝置的製造業者肯定能維持穩定的獲利模式，不過該注意的並非三星電子、樂金電子等傳統製造業者，而是像 Facebook、微軟等，以網路為基礎成長的軟體業者。至於 Sony、hTc、蘋果等傳統製造業者在未來元宇宙市場正式邁入成長期時，也能透過生產相關裝置受惠。其他還值得關注的業者是生產 VR、AR 裝置必要零組件的企業。

VR、AR 裝置若要比目前以更高解析度呈現鮮明、逼真畫面，必須有高效能晶片、記憶體及展現沈浸式效果的輸入裝置。因此生產相關零組件的供應商會是受惠股。但是 Facebook 與微軟已展開元宇宙專用晶片的自主研

發，似乎不打算依賴供應商的外部供應。

　　Facebook 與微軟為何決定自主研發晶片？因為 Facebook 與微軟欲開發元宇宙平台的專屬服務，與競爭對手展現產品差異。這麼一來，必須有支援自家特殊功能的大容量、高規格訂製晶片。這種情況不只發生在元宇宙領域，Google 為了運作規模龐大的伺服器，自主研發張量處理器（TPU，Tensor Processing Units）與人工智慧專用晶片；為了自主研發智慧型手機，也投資發展行動裝置應用處理器（AP，Application Processor）。其他像特斯拉，自主生產全自動駕駛（FSD，Full Self-driving）的 AI 晶片，蘋果也為筆記型電腦 MacBook、平板電腦 iPad 自主生產 A 系列、M 系列晶片。

　　在元宇宙領域，科技巨擘企業同樣也投資自主研發晶片，欲建立屬於自己的差異化生態圈，藉此達到比既有半導體更高的效能與效率，以低成本創造特別的使用體驗。

科技速學 ●

蘋果的 M1 晶片

蘋果將專為麥金塔（Macintosh）電腦研發的系統單晶片命名為 M1。M1 晶片搭載在 MacBook、iPad 等產品上，運算速度比搭載英特爾（Intel）晶片的相同產品快三‧五倍，繪圖處理能力快六倍、機器學習效能快十五倍，加上電池壽命也能加倍，成本較便宜，對蘋果而言算是高性價比晶片。蘋果因為在電腦與平板電腦採用自主晶片，讓英特爾倍感威脅。業者自主研發晶片獲得的好處不只是性價比，若以該晶片對電腦、平板電腦、智慧型手機進行整合，就是使用相同的硬體架構，讓操作不同裝置的使用者有一致的使用體驗。亦即，智慧型手機上的 app 也能在 iPad 或 MacBook 上使用，消除相異裝置間的隔

閱。對研發者而言，也不必針對電腦、平板電腦、智慧型手機個別進行研發，可節省研發費用。元宇宙也可發揮這種優勢，説明為何研發元宇宙裝置的科技巨擘業者自主研發晶片。

找出擴張元宇宙的隱形企業

　　元宇宙市場發展成熟時，不是只有 Facebook、微軟等推出相關裝置的業者與開發殺手級應用的軟體業者受關注，提供各種技術與解決方案的業者也同樣值得重視。這種提供技術與解決方案的業者通常屬於上游產業鏈，從事企業間（B2B）的元宇宙事業，生產屬於元宇宙發展基礎的產品，一般消費者或使用者容易忽略。

　　大約一九九五年個人電腦市場蓬勃發展時，組裝電腦尤其受歡迎，當時位在首爾龍山區銷售電腦零組件的業者處於經濟景氣，但並非所有電腦零件店家都很賺錢，有許多業者無法持久經營，店家不斷汰舊換新。真正在當地維持穩定收入的業者反而是餐飲店，餐飲店以前來購買電腦零組件的消費者作為客源，賺到高於預期的獲利。

　　元宇宙也同樣會有前述餐飲店角色的業者。元宇宙的體驗必須在空間的設計中完成。當消費者造訪特定離線場所時，該空間傳達的氣氛是打動消費者的因素之一，例如：眼前一望無際的濟州島蔚藍海岸、由年代悠久的藝術品與獨特琉璃彩繪窗裝飾的宏偉教堂、紅色燈籠搭配大理石地板與復古桌椅的懷舊餐館等，都是由空間帶來的體驗。元宇宙能利用這種空間營造打動人心的氣氛，若要完美進行空間布置，必須有 3D 建模（3D modeling）、渲染解決方案（rendering）、真實引擎（real engine）等 3D 多媒體製造技術。此外，讓 3D 媒體內容可以簡單設計、研發的製作套件也不可少。

　　Unity、Epic Games、輝達、微軟等，正是開發這類解決方案的公司。只要元宇宙市場逐漸成熟，這些業者與開發 3D 多媒體內容的設計業者都會成長。此外，在元宇宙裡建造購物商場、從事行銷活動的企業也會跟著水漲船高。線下企業為了在元宇宙裡為自家商品或品牌打廣告，必須進行空間設計與商品陳列，這時需要從事相關活動的專門業者代為設計、執行。精品服飾業者也會在元宇宙中建立數位商品，對顧客銷售或廣告，因此也需要專業代理商。若從這個角度來看，為企業解決商業問題的解決方案業者也會獲得新事業機會。

開拓元宇宙的隱形冠軍

　　網路事業總是擁有用戶數多、主導常用服務的業者受惠。例如：在韓國的網際網路有 Naver、Daum、G Market、SayClub[19]，行動裝置有 KakaoTalk、Instagram、Facebook、Coupang、宅配的民族、Toss 等。在元宇宙也同樣會是推出殺手級應用的業者受惠。

　　元宇宙的殺手級應用不會只有一個，在各種不同領域應該都會有多個受到關注。若以遊戲、商務、娛樂、主題內容、社群等區分傳統網路服務的方式來看，元宇宙在這些分類也都會出現提供新體驗的 app。此外，在使用者透過網頁、app 無法體驗到的元宇宙新領域也會誕生殺手級應用，例如：可在多個元宇宙或網路上通用的虛擬人製作 app、人物動作與表情 app、服裝 app 等。就像 KakaoTalk 的表情貼圖與下雪特效一樣，將來元宇宙也會出現能對虛擬人盡情裝扮的殺手級應用。未來也可能在元宇宙將各領域的專家、名人做成排行榜，提供與名人的數位分身交談、諮詢的社交服務。在娛樂方

19　SayClub 是韓國著名的交友聊天網站，於一九九九年創立。

面，可能出現一起實況看表演或看電影的巡迴服務；在升學與就業方面，可能有提供專業學習課程的教育服務，或者提供利用虛擬辦公室辦公、任務合作的服務。屆時能在新領域配合元宇宙提供新服務的新創企業將成為業界新星。若朝未來有發展性的方向尋找，將可發現潛藏的隱形冠軍（hidden champions）。

科技速學

Facebook 購併 VR Studio

Facebook 在二〇一四年斥資二十億美元購併 VR 製造業者 Oculus，積極投入元宇宙市場，之後持續施展購併策略，包括購併 Beat Games、Sanzaru Games、Ready At Dawn、VR Studio 與 Downpour 等公司，欲藉由購併 VR 遊戲業者創造綜效。若 Facebook 將這些公司的影像技術應用在 Horizon 與 Oculus 的虛擬環境，Facebook 在元宇宙將可超越以硬體、軟體為基礎的平台，自主製造服務與多媒體內容，建立推出殺手級應用的垂直整合。

就像二〇〇〇年代的網頁、二〇一〇年代的行動裝置，元宇宙也會成為接下來十年的主流，創造新商業機會的業者將是原本的資通訊科技巨擘企業、傳統產業領域的企業、能針對元宇宙提供最佳服務的新創企業。不過就算是從事與元宇宙毫不相關的企業與個人，也應該思考若元宇宙市場真正成形，公司能發展什麼事業，個人能做什麼投資。現在就算從事與網頁、app 無關的業者，公司應該也有官網或提供客戶服務的 app，並且利用網頁與 app 替公司產品打廣告行銷。如果沒有官網或官方 app，至少有用

KakaoTalk、Jandi、Zoom、Dropbox 等網路服務，在事業推動過程必須與網路業者合作。元宇宙也一樣，必須思考如何將元宇宙作為新的事業機會或提高生產力的服務。在個人方面，應思考在新興的元宇宙世界要投資哪家公司，自己該如何自我提升、求新求變，如何利用元宇宙提高自身的生產力。

20 利用比銀行可靠的區塊鏈創造加密貨幣，DeFi幣

　　區塊鏈的擁護者認為加密貨幣比銀行可靠，理由在於國家也會有聲請破產的時候，若財政收入不足以沖銷應付外匯因而申請延後償還款項，法定貨幣就失去價值，因此加密貨幣才是比國家或銀行值得信賴的貨幣。利用區塊鏈創造的加密貨幣難道不是虛幻，是新的未來趨勢？

加密貨幣只是區塊鏈的功能之一

　　韓國有兩項議題受全世界科技業關注：人工智慧 AlphaGo 打敗世界棋王李世乭與加密貨幣。其中加密貨幣從二〇一七年到二〇一八年短短兩年之間，不但對韓國社會帶來警訊，甚至催生相關法令。新冠肺炎疫情爆發以來，加密貨幣在二〇二一年成為二十多歲年輕一代受歡迎的理財方式，甚至掀起第二波加密貨幣投資熱潮。加密貨幣如此獲得人氣，主要是因為可以滿足人類欲望。AlphaGo 再怎麼厲害，也無法立即影響大眾的日常生活，當然也不會替人賺錢，但加密貨幣卻可替個人帶來比投資股票更高的利潤，刺激人的欲望，讓社會充斥喪失理性的狂熱氣氛。我們該如何看待加密貨幣，如何解釋加密貨幣對商業行為造成的影響？

　　由國家掛保證發行的貨幣稱為法定貨幣，加密貨幣是利用區塊鏈創造的貨幣。為何諸多技術之中，會由區塊鏈創造貨幣？區塊鏈是資料儲存技術，與原本的資料庫不同，利用全世界自發性參與的電腦將檔案分散儲存。由於檔案被複製到多台電腦儲存，因此難以進行人為修改。儲存在中央伺服器的檔案雖然可被中央電腦的所有者任意變更，但區塊鏈從技術本身就防止檔案

被改變。

　　使用者在 Facebook、Naver、Google 等地儲存的資訊，可能因為業者營運政策或國家法令被公開、刪除或變造。利用區塊鏈記錄的資料連資料所有人都無法刪除或變更，因此不論任何資訊被記錄在區塊鏈上，都沒有人能變更內容。就是因為這種技術上的特性，區塊鏈被稱為去中心化（decentration）、無法偽造與變造的資料庫。

　　加密貨幣就是利用這種區塊鏈特性應用在金融領域的產物，只是區塊鏈創造的諸多功能之一，並非唯一。類似 KakaoTalk 只是利用行動裝置進行的其中一項功能。換句話說，區塊鏈可記錄 A 對 B 支付一筆款項的資訊，也可讓世界各地的人在自己的帳戶上記錄金錢流向，進行國際匯款，才使加密貨幣成為區塊鏈頗具代表性的功能。

為何說區塊鏈比銀行好？

　　我們若從韓國的銀行帳戶對美國的銀行帳戶匯款，是基於對這兩家銀行的信賴，因為信賴所以願意支付手續費作為代價。若將這種信賴的對象從銀行變成技術，情況又會怎樣？其實銀行並非百分百安全，就連國家都有破產的可能，更何況是銀行，而且透過銀行交易花費時間與手續費。這時如果利用技術，而且還是區塊鏈，幾乎可以百分百信任，速度快，成本也較低。雖然區塊鏈技術還不算完備，在速度與成本上仍有改善空間，未來若持續發展，相較於利用銀行進行的金錢轉匯，區塊鏈具有一定競爭優勢。

　　現在的網路供全世界交換資訊、分享資料，區塊鏈則透過網路提供價值交易。帶有價值的東西不只貨幣，契約、信用、保證也都具有價值。原本如果利用網路從電腦 A 對智慧型手機 B 傳送音樂檔案，區塊鏈就是讓著作權人 A 與使用者 B 以適當的價格交易、簽約，B 在雙方約定的規則下，以特

定裝置無限制聽音樂一年。

　　基於這個原因，Kakao 開發名為 Klaytn[20] 的加密貨幣，Facebook 開發 Diem 幣[21]，兩家業者要讓自家用戶能進行金融交易。其中，Facebook 的用戶遍及全球，各國金融機構不樂見 Facebook 推行 Diem 幣。因為這些加密貨幣如果除了匯款功能，將來也整合支付、儲蓄等其他金融服務，就會對既有的金融業者帶來莫大威脅。

　　利用區塊鏈創造的代表性加密貨幣有比特幣、以太幣等。加密貨幣服務基本上要先有一個錢包來存放貨幣，可對他人的錢包進行轉帳，另外也有加密貨幣交易所，讓匯款更方便進行。韓國的加密貨幣交易所有 Bithumb、Korbit 等，透過交易所可簡單買賣加密貨幣，對特定對象匯款，也能直接以現金買入加密貨幣。

新經濟生態圈，代幣經濟

　　加密貨幣是誰在運作？不論比特幣或以太幣，都不是由單一個人或單一企業運作，全世界自發參與的團體、企業、個人都是運作主體。但是每個主體的想法不同，存在複雜的利害關係，因此需要一個系統來調節，讓全世界規模龐大的加密貨幣可在平台穩定運作，這個系統稱為 DAO，來自去中心化自治組織（Decentralized Autonomous Organization）的縮寫。

　　DAO 的運作規約同樣記錄在區塊鏈上，確保交易可公平進行，不同於一般企業的營運方式。這種以技術記錄所有內容，相互達成協議的方式，百分之百都可驗證，也無法任意操作，不同於由人員執行。

20　Kakao 在二〇一七年創建的加密貨幣。

21　Diem 幣是 Facebook 於二〇一九年六月推出的虛擬貨幣 Libra 在二〇二〇年十二月改名而成，新名字 Diem 意思就是「新的一天」（new day）。

　　為了讓系統可順利營運，必須對與日俱增的利害關係人提供適當獎勵，作為投入資源推動區塊鏈加密貨幣的代價。區塊鏈的運作必須有龐大電腦設備支援，藉由對提供電腦設備的參與者回饋該區塊鏈的貨幣，維持區塊鏈的生態圈。

　　區塊鏈被認為是瓦解當前系統的創新技術，為了讓技術順利執行，必須持續引入自發參與者，因此提供加密貨幣作為誘因。但是比特幣引發加密貨幣的投機性議題，導致加密貨幣充斥私心、膚淺的群體本位主義（egoism），而非從中尋找商業機會與發展性。區塊鏈與加密貨幣在往後十年內將被應用在各種產業領域，但不至於取代現實中的法定貨幣，也不易成為全世界的共通貨幣。相對於信用卡的里程數、會員卡的點數等虛擬貨幣只能用在特定企業，加密貨幣的角色較重要，用途也更廣，但要作為真實貨幣使用還是有其限制。未來虛擬貨幣應會以新概念貨幣的姿態與原本貨幣一起創造新系統、新商業模式，以觸媒的角色漸進發展。

　　加密貨幣將是重要獎勵手段與交易催化劑，促進該區塊鏈的生態圈發展茁壯，必須仔細定義這個貨幣何時作為獎勵給予、如何發行、如何使用，才能讓發行加密貨幣的區塊鏈長久持續，這就是代幣經濟（token economy）。並非所有區塊鏈都會發行加密貨幣，但欲藉由全球資訊平台取得市場地位的企業通常會發行加密貨幣，也會設計代幣經濟模型。

區塊鏈如何對產業與企業產生影響？

　　在區塊鏈市場隨處可見業者將區塊鏈的優點應用在發展事業，已經有金融機構嘗試利用區塊鏈改善匯款、匯兌系統，也有業者利用區塊鏈改善物流系統，個人對個人利用區塊鏈進行能源交易，在醫療市場利用區塊鏈改善資料交易平台等。

不僅如此,開始出現利用區塊鏈提供的去中心化應用程式(DApp, Decentralized Application)使用者服務,讓區塊鏈的實體愈來愈鮮明。利用區塊鏈的系統與服務可歸納出下列特徵:

- **相較於注重區塊鏈的限制,業者積極利用區塊鏈的優點,改善原本的系統與解決問題。**
- **雖然業者努力改善區塊鏈的缺點,但是因為區塊鏈擁有明確優點,業者聚焦於利用優點,使原本的事業效率提升。**
- **將區塊鏈與既有的其他系統連結,提高相容性。**
- **不執著於用區塊鏈解決所有事情,優先考慮擴張系統,將區塊鏈與既有的系統、網路通訊協定(protocol)、中介軟體(middleware)等技術連結。**
- **持續發展對所有參與者提供加密貨幣或代幣的獎勵機制。**
- **由於利用區塊鏈的服務與既有服務不同,從初期就對所有參與者、利害關係人提供加密貨幣或代幣作為獎勵,因此獎勵機制的設計非常重要。**
- **利用區塊鏈的服務將全世界作為發展對象。投資者的對象是全世界的人,區塊鏈生態圈的對象是全世界一起工作的開發人員、策略夥伴公司,由此誕生的服務與事業也是以全世界為對象,不局限於任何國家的使用者。**
- **與原本工作的方式不同。**
- **在區塊鏈的實體出現之前,只能用白皮書(white paper)募集資金,與投資人、使用者、生意夥伴即時溝通資訊,讓事業發展過程公開透明。**

區塊鏈在加密貨幣之上，以平台的角色加入競爭，發展至今大約五年，已經像雲端系統或智慧型手機 app 一樣，擁有足以建立龐大生態圈的地位。特別是利用以太坊的智慧型合約（smart contract）協定，創造出去中心化的金融服務 DeFi 幣，以及進行各種數位內容交易的非同質化代幣（NFT，Non-Fungible Token），讓外界對區塊鏈刮目相看。對勇於挑戰區塊鏈的新創企業而言，區塊鏈不是貪婪的技術，將以新的商業解決方案重新獲得證明。

許多人誤會區塊鏈與加密貨幣相同。其實加密貨幣只是區塊鏈創造的諸多項目之一。因為區塊鏈的技術面特性，凡事必須透明、公平運作，讓企業積極在認證、合約、物流、零售、金融交易等系統導入區塊鏈，有愈來愈多應用案例。就算不連結加密貨幣，只要將可解決商業問題的特殊資料儲存在區塊鏈的分散式帳本（distributed ledger），就能獲得存放在雲端伺服器沒有的公平與透明，過程也不需要第三者認證，可減少手續費等金錢負擔。若將加密貨幣與區塊鏈連結創造金融服務，就可超越國界對全世界營運，這部分最近正以金融科技的進化型態嘗試創新。讀者若要完整了解區塊鏈與加密貨幣的特徵，直接在加密貨幣交易所或區塊鏈電子錢包進行小額投資也是不錯的方法，嘗試一下才會有深刻的體驗，以更成熟的角度規劃實際應用。

21 比特幣和以太坊有何不同？

　　目前世界上的加密貨幣大致可分為三類：比特幣、以太坊與其他。原本只分為比特幣與山寨幣（Altcoin）兩類，但以太坊以區塊鏈為基礎創造出加密貨幣平台後快速成長，後來自成一類。若了解比特幣與以太坊的相異之處，對加密貨幣就能有更深入的理解。

比特幣如何被創造？可用在哪兒？

　　比特幣的發行者是誰？二〇〇八年一位匿名工程師將比特幣的發行與使用規範寫成篇幅九頁的論文發表，之後比特幣就被創造出來，在無特定發行主體之下運作至今。任何人都能發行比特幣，創造比特幣的動作稱為採礦（mining），只要在電腦安裝採礦軟體，人人都可參與比特幣的發行。比特幣最初公開時，曾訂出未來一百年內的發行總量最多只能有二千一百萬枚。這樣的稀少性讓比特幣價格上漲，有愈來愈多人為了取得比特幣加入採礦。未來二千一百萬枚比特幣全數發行完畢時，採礦無法再進行，屆時誰來提供電腦資源維持已發行的比特幣進行交易，目前仍是無解。

　　比特幣的運作系統需要電腦資源，對提供電腦資源的參與者（礦工）給予適量的比特幣作為獎勵。區塊鏈的運作必須有龐大的電腦資源，對提供電腦資源的參與者並非給予現行貨幣獎勵，而是可用在該區塊鏈的加密貨幣，讓區塊鏈生態圈得以延續。相對之下，既有貨幣系統的電腦資源提供者是金融機構、國家或企業等貨幣發行主體，系統營運政策或規範可能被這些主管機關操縱。此外，加密貨幣並非只是有獎勵功能，比特幣可與實際貨幣匯

兌，也能從事金融交易與匯款。

　　比特幣能在交易所以現金買入，也可開設電子錢包，像寄送電子郵件一樣向全世界的人匯款。比特幣的投資人不透過交易所，也能開設比特幣錢包，只要知道錢包地址，就能對全世界任何人匯款。以在銀行匯款為例，必須要有銀行帳戶，然而並非每個人都能輕鬆在銀行開戶，有時必須準備證明文件，手續相當繁瑣，特別對居住在其他國家的外國人或留學生，要在當地銀行開戶就更不容易。相反的，任何人都能立刻申請比特幣錢包，就像註冊電子信箱帳號一樣簡單。此外，要從銀行帳戶對其他國家匯款時，銀行會要求匯款人提供個人資料、身分證件等，進行查核程序，比特幣的匯款就像寄電子郵件，只要知道對方的比特幣錢包地址，無須提報個人資料就能進行。因此比特幣常被用來從事金融交易、國際電匯、辦理繼承等。

超越單純貨幣功能，具有新交易價值的以太坊

　　若說比特幣技術只被用在匯款等目的，以太坊的用途就很廣泛，可用在各種區塊鏈平台內開發出的服務交易，也可依照各種服務設計的獎勵機制提供獎賞，還能被用來維持交易穩定。不論平台服務中的使用者或提供者、廣告主與中盤商、媒體內容生產者與消費者、中間人與投資客等，所有利害關係人都能在以太坊進行價值交易。

　　加密貨幣若結合平台運作，就能成為平台利害關係人之間，更便捷的價值交易手段。就像在 KakaoTalk 與朋友互傳訊息、視訊通話、轉帳、送禮物、搜尋等，加密貨幣平台內也能利用以太坊使用服務，無須額外的金融 app 或使用者身分認證。

　　以太坊等加密貨幣預期能與區塊鏈技術一起，在各種產業領域有所應用。想利用龐大全球資訊平台嶄露頭角的企業，預估將會發行加密貨幣，設

計代幣經濟，讓加密貨幣與金融交易等服務連結，加強對平台的支配能力。目前已這麼運作的代表性業者就是以太坊。以太坊作為區塊鏈平台，並未在各種服務自主發行加密貨幣，只用以太坊進行內部交易或利用以太坊的功能創造新服務。DeFi 幣、NFT 等新的金融、數位資產交易服務，有相當大的部分是利用以太坊進行。以太坊展現出數位時代的貨幣不只可作為交易手段，還能發展成具有多功能平台的價值。

科技速學 ○

以太坊的智慧型合約

以太坊與比特幣的最大差異是智慧型合約。如果朝對方電子錢包匯款是比特幣技術的全部，以太坊就是匯款時可附帶條件，必須該條件履行後才會完成匯款，因此稱為智慧型合約。因為有這項簡單的功能，讓以太坊除了被用在匯款之外，在金融商品、衍生性商品、不動產、數位內容等的交易也多有應用。例如：B 相信 A 的投資訊息，對某企業投資一千萬韓元，未來該企業的價值若在一年內增加兩倍以上，B 必須利用以太坊對 A 支付獲利金額的三〇％。這種 A 與 B 的契約若加入智慧型合約，當條件達成，合約就會自動生效。中間不必有第三者介入保證，A 與 B 將來也無法反悔或拖欠付款。

科技巨擘企業進軍加密貨幣

二〇一九年六月 Facebook 宣布名為 Libra 的加密貨幣發行計畫。由於 Facebook 是擁有世界級影響力的網路服務平台，Libra 的發行計畫如同預告

將對各國政府產生威脅及衍生相關規範。後來 Facebook 在美國參議院的聽證會面對議員嚴厲追問之下決定讓步，將 Libra 定位成與各國法定貨幣掛鉤的支付方式。之後 Facebook 決定將虛擬貨幣的名稱改為 Diem，預定二〇二一年上市（編按：迄二〇二二年四月尚未上市）。Facebook 用戶可利用 Diem 幣在 Facebook 上銷售或購買商品，未來在 Facebook 的元宇宙裡，使用者之間應該也能用 Diem 幣進行價值交易。

　　Kakao 在韓國推出名為 Klaytn 的區塊鏈平台，Klaytn 的代幣 KLAY 在印尼的交易所上市。Klaytn 平台上，使用者可利用 KLAY 幣進行商品交易與購買服務。Kakao 也開發出名為 Klip 的加密貨幣錢包作為 KakaoTalk 的內建功能。二〇二〇年九月底 Kakao 推出 KakaoCon，作為公共區塊鏈（public blockchain）平台 Klaytn 的側鏈（side chain），對使用 Kakao 各種服務的顧客提供獎勵。KakaoCon 可用在 Kakao 的服務，與一般點數累積並無差異，只是 KakaoCon 的運作使用了區塊鏈，因此在支付與使用過程一切透明，未來可能還會開放使用者間的轉帳及點數轉換。

　　為何主要網路服務業者爭相發行加密貨幣？

　　主要原因有二。第一、加密貨幣在原本的服務以外也能進行交易，可像以太坊一樣，以加密貨幣為中心與其他服務連結，較容易創造新的金融服務平台，為新世代金融服務平台預作準備。第二、在科技巨擘企業的各種服務內，若有一種自主貨幣通用，使用者就能以該貨幣在所有服務進行交易，相較於使用法定貨幣或其他數位貨幣，手續費較低且收費方式更一致，結帳速度也較快。舉例來說，Facebook 的 Diem 幣上路之後，不必再連結銀行帳戶或信用卡才能在 Facebook 內購買，可用現金兌換成 Diem 幣儲值在 Facebook，加快購買時的交易速度。在用戶間的個人交易也能以 Diem 幣支付，收款人獲得 Diem 幣後可作為存款，留待在 Facebook 內的各種交易使用，不一定要立刻轉換成外部貨幣。這就是發行只能在名為 Facebook 的虛

擬國家內使用的標準貨幣。

世界上有許多加密貨幣，但大部分將像泡沫一樣曇花一現，最後或許只剩不到一〇％能穩定留下，預估比特幣與以太幣將會是剩下的穩定少數，持續扮演新時代的貨幣角色。特別是在元宇宙的虛擬世界必須有新概念貨幣，屆時加密貨幣就會是理想的選擇。不過就像雅虎被 Google 超越、Daum 被 Kakao 購併、Facebook 超前 Myspace、Coupang 一舉贏過 GMarket 與 11Street 等，未來類似比特幣與以太幣的加密貨幣是否能穩定成長，與元宇宙一起衝出耀眼成就，目前無人能預料。或許到時候會出現更強大的競爭者，或原本的金融機構驍勇善戰，反而削弱加密貨幣的角色，也可能是元宇宙平台業者發行自主貨幣，或與原本的金融公司合作提供支付與交易服務。雖然目前無法預測誰會最後勝出，不過還是可以知道最後的贏家會具備哪些要件——積極發展適合數位時代的新興貨幣，該貨幣公正、透明及全球通用。讓我們一起用這樣的標準檢視目前加密貨幣的動向、金融機構的因應方式與科技巨擘企業的策略。

---

22 靠加密貨幣賺錢的識別法

　　想投資區塊鏈的人若抱持錯誤觀念，認為就算天塌下來也一樣能用區塊鏈賺錢，盲目投資，很可能就會傾家蕩產。理論上加密貨幣的價值應該像上市公司的股票，依照貨幣用途、願景及落實狀況而改變。但是實際情況並非如此。為何區塊鏈充斥著貪婪與投機？難道沒有可以利用區塊鏈賺錢的方法？

很難用加密貨幣賺錢的理由

　　若真要說身邊有利用加密貨幣賺到錢的人，大都是傳聞。例如：「聽說有人三年前投資了一千萬韓元，後來變成兩億韓元或五億韓元。」「聽說有人在一個月前把全部的錢押在狗狗幣（Dogecoin），獲利高達兩倍，讓我也有點心癢癢……」反倒是投資加密貨幣賠錢的人比較不引人注意。

　　我認為很難用加密貨幣賺錢的理由有以下幾點：

　　第一、任何投資都是賣的時間點比買的時候重要，加密貨幣也是如此。如果投資人沒將加密貨幣賣出，只是留在電子錢包裡面持有，一切只是資產現況及預估損益的數字表現，重要的是賣出之後的下一步。如果賣出時有獲利，但是又將錢投入購買另一筆加密貨幣，這樣先前的獲利就不是真正獲利。必須連同目前這筆投資脫手時點的損益都算在內，才能知道總共獲利多少。因為加密貨幣的價格波動幅度大，就算前一次賺到不少，再次投資也不保證一定能賺到錢。

　　第二、加密貨幣的價值不會因為發行機構提出的願景與策略改變。雖然

理論上加密貨幣的價值應該要像股價一樣，依照上市公司的績效與前景來評價，實際上並非如此。美國總統唐納‧川普的一句話、特斯拉執行長伊隆‧馬斯克（Elon Musk）在推特上的一則留言、政府的規範或金融機關的投資消息等，任何風吹草動都會影響加密貨幣行情，有時甚至在不明原因之下大起大落。為什麼呢？因為加密貨幣的交易時間是二十四小時以去中心化的無政府狀態運作，不像股票市場有政府的約束與規範，因此容易被特定勢力以投機目的操縱，導致價格暴漲或暴跌。

第三、加密貨幣的價格瞬息萬變，加上交易時間是二十四小時，投資人經常看盤容易精神焦慮。投資人通常會非常關心加密貨幣的消息，一邊看新聞也會一邊分析時事是否影響價格。但實際上加密貨幣的價格變動通常跟新聞無關，有時是投機勢力的操盤，有時是完全無法理解的任何原因，並非與投資人的分析有關。因此若非異於常人的沈得住氣，要在短時間內平靜面對動輒二〇至三〇％的波動價格，絕對不是件容易的事。多數投資人都是賣掉之後覺得應該會再漲，因此又買，買了之後又賣，不斷重複這個模式，結果只是讓交易所賺到交易手續費，投資人賠比賺還多。

科技速學

買不了的加密貨幣，其實還是有辦法買到

由於每個交易所上市的加密貨幣不同，有時買不到想要的幣種。例如：被馬斯克操之在手的狗狗幣就沒在韓國所有的交易所上市，只能在少數交易所買賣。不過狗狗幣可在海外大型交易所買賣，因此投資人可先在比特幣或以太幣的交易所以現金買入比特幣或以太幣，對海外交易所的帳戶匯出比特幣或以太幣，再用這兩種加密貨幣購買狗狗幣。以此方式買入的加密貨幣，將來賣出時就是反向操作，先在海外

交易所購買比特幣或以太幣，再對國內交易所的錢包匯款。以此方式回到國內電子錢包的加密貨幣，就能兌換成現金提領。但是有一點必須注意，從海外交易所往國內交易所匯款時，萬一選擇到兩間交易所不相容的通訊協定，可能造成匯款失敗，讓該筆加密貨幣永遠無法找回。因此在交易所或電子錢包匯款時，建議先匯出小額，確定交易成功才大額匯款，是比較安全的方式。

有投資價值的加密貨幣識別法

沒人知道哪種加密貨幣有投資價值。就像每家投顧公司、每個投資人對企業的投資評比不同，加密貨幣也是如此。如果從加密貨幣的用途、發行人、未來願景等面向來看，多少能預估該加密貨幣的價值。只是多數投資人不會仔細了解加密貨幣的發展策略，都是靠傳聞或直覺進行投資。

因此，在投資加密貨幣之前，應該先看清楚發行主體的網頁，了解發行目的與用途，思考該如何發展。此外，也應該知道該發行主體是否已經發行過其他加密貨幣、績效如何。若發行主體是企業，絕對要仔細分析公司的沿革與事業內容。

加密貨幣市場也像股市基金一樣，有專業的投資公司。這種加密貨幣的投資公司會經過縝密分析後才出手，因此可留意投資公司的動向。投資加密貨幣應抱持長期眼光，勿寄望在一兩個月內就能有短期獲利，要一到三年或更長期的投資獲利才能期待。

為何要將資料記錄在區塊鏈的分散式帳本？

　　要對區塊鏈做價值投資（value investing）時，最重要的是知道「什麼資料？為何要記錄在分散式帳本？」分散式帳本正如其名，是將記載著交易內容的帳本分散，而且對所有人開放。不過要將資料記錄在區塊鏈的分散式帳本非常缺乏效率。因為將資料分散儲存在去中心化的電腦十分耗時，且過程中必須支付手續費，等於是又貴又慢。相形之下，直接把資料存在雲端資料庫是又快又便宜。因此區塊鏈的分散式帳本無法儲存大容量資料，頂多就是交易內容等一般性的文字內容。

　　因此，必須弄清楚業者一定要將資料儲存在分散式帳本的理由。什麼資料要用到區塊鏈？為何一定要用又貴又慢的儲存方式？投資人可藉由業者是否明確定義這兩個問題來評估發展性。資料只要一記錄在區塊鏈的分散式帳本，就無法再更改，且人人都能自由查閱。正因為區塊鏈給人的透明與信賴，以及去中心化系統才能做到的資訊安全，產生非存在分散式帳本不可的理由。若仔細了解使用區塊鏈的業者是否基於前述理由開發適合的解決方案、發展事業，就能知道該區塊鏈的前景。

　　五年前我買了價值約五百萬韓元的比特幣送給太太，自己也花了約五千萬韓元買比特幣做長期投資。送給太太的比特幣現在價值已經有一億韓元，我投資的五千萬韓元價值卻沒變。為何差這麼多？因為送給太太的比特幣在這五年內從沒提領過，反而是我自己的比特幣，經常賣了又買，買了又賣，有時投資比特幣，有時換以太幣，也曾經買過狗狗幣，遊走在多種加密貨幣之間。兩年前我曾經賣出這五千萬韓元的加密貨幣獲得兩億韓元，賺到一億五千萬韓元價差，但後來我又用兩億韓元再次投資，結果賠了

一億五千萬韓元，勉強剩下老本。因為有過這樣的經驗，才會更了解加密貨幣的投資，也體認到不是只要有興趣，就能用加密貨幣賺錢。現在若要我投資加密貨幣，至少得像對企業進行投資一樣，先蒐集該貨幣的未來發展性資訊，用長期觀點進行投資。如果只看短期的價格波動決定買賣，虧損的機會一定多於賺錢，只會讓自己心力交瘁。

第4章

科技業的變化

Win-Tel（Window & Intel，微軟視窗與英特爾）和蘋果的 iPhone 一同大舉改變了全世界，電腦使得公司業務的處理方式和學校報告的書寫與研究方法都起了很大的改變，而當電腦連上網路時，在我們眼前登場的網路更是開創了各式各樣新變革，從閱讀新聞的方式到書信往來的方法等等。過去誰都沒想到電腦和網路的出現會為我們的家庭和職場、傳播媒體、商品流通和行銷等產業帶來如此天翻地覆的改變。更別說在公車、地鐵、路邊隨時隨地使用智慧型手機連上網路這件事早已成為家常便飯，而其他網路翻轉各種產業基本典範的景況更是要親身體驗過才能切身體會。過去沒有人會知道智慧型手機居然會影響外送市場、交通計程車以及金融等產業，而科技就是這樣在潛移默化之間為我們的日常生活、社會和全世界帶來了巨大改變。特斯拉的電動能源車以及自動駕駛功能不僅影響了運輸產業，竟也為能源、停車與租車、露營市場等各式各樣的產業帶來了巨大的變革；而雲端與物聯網等科技也超越了資通訊產業本身，進一步影響了許多產業的典範；而繼電力之後受全世界注意的次世代能源「氫」也預告了名為「氫經濟」的嶄新典範轉移……只是究竟雲端、電動車、氫經濟、物聯網會為我們的人生和社會帶來什麼樣的改變呢？

23 全球科技業的巨大軸心——雲端產業

　　如果要從全球科技業中選擇一個在過去二十年間都穩定成長，且至今仍在發展中的技術領域，那絕對當屬雲端產業了，這個市場已經是 Amazon、微軟、Google 等全球大型科技公司的兵家必爭之地。雲端屬於 B2B 的產業，而使用雲端的串流服務則屬於 B2C（Business to Consumer）的服務，因此必須先理解等同於科技核心的雲端和串流，才能澈底理解所謂的「資通訊科技商務」。

只要有雲端，在哪裡都可以，做什麼也都行

　　二十年前每個社區都有的唱片行和錄影帶租賃店早就不知道消失多久了，如今 Melon、iTunes、Netflix 和 Wave、用 YouTube 聽音樂看影片的服務已經取代了既有的市場，而像這樣連接到網路伺服器上存取和安裝各種資源、數據和內容，並且任何設備都能連接和使用該內容的系統就統稱為雲端。微軟曾經發表了導入雲端技術的 xCloud 遊戲平台，標榜即使沒有額外的遊戲機或高規格的電腦，也能在一般電視或筆記型電腦上遊玩，也不用預先在電視上安裝就能暢遊微軟 xCloud 上提供的所有遊戲。除了遊戲之外，還有音樂、電視節目、影片、國內外的電視劇和電影，以及各種文件等等，這些全都能用隨選點播的方式使用。

　　在引領全球科技業成長的各大領域中，尤以雲端電腦技術的影響力占比最高，甚至達到六成左右，大部分的科技業者在建構服務時，都用雲端來取代自有的數據中心，而其中最具代表性的例子就是微軟的 Office 了。微

軟的 Word、PowerPoint、Excel 等 Office 程式過去在電腦中一直維持軟體型態（以下微軟軟體將以「SW」來表示），用戶必須下載安裝後才能使用，其實在二〇一四年微軟的整體銷售業績中，微軟 Office 的軟體授權業績占比三五％，而透過雲端訂閱方式銷售的 Office 365 僅占業績比重一一％，然而到了二〇一八年，Office SW 的占比已減至二〇％，而以雲端為基礎的 Office 365 業績則成長到三〇％左右。此外，微軟在二〇一四年的市場總值和 Google、Amazon 等企業相較，可謂相當寒酸，但在二〇一九年六月便迎頭趕上領先 Google 和 Amazon，並在五年間就達成超過五倍的成長，這都多虧了 Office 365 和 Azure 這個雲端平台事業的發展，二〇二〇年在新冠肺炎疫情影響下，這些事業更是三級跳，雲端商務逐步創下更高度的成長。

　　雲端產業主要可分為 IaaS、PaaS、SaaS 這三類。IaaS（Infrastructure as a Service）是指用戶能依據需求程度租用電腦和 Network 支援的雲端服務；而 SaaS（Software as a Service）則是如同微軟的 Office，用戶需支付 SW 的訂閱費，再依據個人所需的數量和時間來使用；PaaS（Platform as a Service）則提供各種電算工作上所需的解決方案給用戶選擇使用。在這三種事業體中，尤以 SaaS 占市場規模的比重最大，其後則分別為 IaaS 和 PaaS。Netflix 就是其中一例，它並沒有自行建造核心伺服器，反而是以 SaaS 的型態向全世界市場提供影像串流服務，背後使用的是 Amazon 的 AWS 雲端；此外像是韓國的宅配的民族與 Toss 等網路服務也都使用雲端來開展事業，未來想必也有更多以行動裝置 app 和物聯網為基礎的數位服務會隨著事業的成長而開始需要雲端，由此可見雲端事業將更加蓬勃發展。

科技速學

雲端為什麼會受到關注呢？

雲端事業的價值之所以獲得高度評價的原因，是隨著網路速度的提升使得隨選點播這種以顧客喜好為重的服務趨勢抬頭，進而也讓在雲端存取數據、服務以及應用軟體再加以提供給用戶的方式變得更加普遍。除此之外，不僅是從事網路服務的企業，就連正在推動數位轉型的傳統製造業也開始架設電腦計算系統和管理資源，此時如使用雲端服務便能減輕初期的投資費用，因此雲端的需求也與日俱增。而其他正在拓展數位商務的眾多新創公司也考量到使用雲端的事業經營成本較低，因此使用雲端的頻率也不斷提高，更別說電動車和元宇宙等以網路為基礎的新型事業，更是讓雲端產業的發展看上去更加樂觀。特別是那些已經站穩腳步的雲端企業，他們的網路效應日漸擴張，技術的門檻也被墊高，實際上新的企業要打入這個產業已經難上加難，這使得原有的雲端企業更加主動出擊大力投資，此舉也促進市場快速成長，雲端事業的價值是逐年遞增的。

雲端竟是如此方便！

　　市價總值在全世界企業中名列前四名的企業分別為蘋果、微軟、亞馬遜、Google，而這四家企業的共同點就是都正在發展雲端事業。特別是亞馬遜的 AWS（Amazon Web Services）和本業購物商城相比，業績雖只達二五七億美元，只占整體業績二三二九億美元的一一％，但雲端事業所貢獻的營業淨利比竟高達七三％。除此之外，各家的雲端事業也稱職的扮演著實質

的孝子角色，繼續推動微軟和 Google 的成長，由此可見，雲端業務強化了這些企業的獲利型態，並且忠實的擔負起驅動未來成長的職責。

　　此外隨著 5G 等高速無線網路技術的發展，除了電腦、平板、智慧型手機之外，舉凡汽車或各種家電等裝置都將連上網路的物聯網時代也即將到來，雲端的角色也因此變得更加強大。先別說可以在蘋果的 iMac 上連接雲端來操作微軟電腦了，現在甚至連在電視上也能夠操作電腦功能；我們可以透過搭載在冰箱上的小螢幕連上雲端來查看智慧型手機的螢幕畫面；也可以透過洗衣機上附帶的音響喇叭連上雲端的人工智慧來使用網路服務；而三星電子、樂金電子，以及 Coway 的空氣清淨機與淨水器，或是小米家電等各種家用家電，也都早已推出將家電連上網路的功能，提供更多新穎的網路服務。未來我們也不再需要在辦公室裡的電腦上安裝和管理微軟系統或其他各種軟體了，直接把螢幕連上雲端再使用裡頭的虛擬電腦就可以了，目前也已經有部分企業導入這種虛擬電腦，如此一來不僅降低了投資電腦硬體和公司營運的費用，對確保公司的資訊安全來說也相對比較有利……而上述這些實用的畫面也正是雲端能夠呈現給大家看的未來藍圖。

　　像這樣透過串流來提供服務的好處是非常顯而易見的——使用較少的本地設備資源，不受設備的制約而實現「單一來源多元應用」這種存取無限制的效果，此外線上的優點像是建立和他人之間的交流，以及自由且方便分享等好處，也是我們能夠一併獲取的附帶價值。從企業立場來說，使用雲端也能確保更多使用者，同時也能最小化個別機台之間的兼容性問題，以及降低異常狀況發生時的顧客支援服務頻率，並獲得更好的運作效率，除此之外，還可透過每月向用戶收取訂閱金的方式來確保持續性的獲利來源，即使不是以網路為基礎的服務也沒問題，只要是任何用戶在有需求時才需要臨時連上系統來使用的消費方式，都可以被稱為「串流」。

　　那麼未來又有哪些領域可以使用串流來推廣服務呢？那些我們不一定要

預先持有，但需要的時候又能隨時連上網路來使用的服務又有哪些呢？

其實只要發揮想像力，就會發現所有事物都有可能成為串流服務，任何可以預先存放但暫不使用，直到需要時再取出利用的任何東西都可以——從米、刮鬍刀、尿布等生活必需品，到生菜、紅辣椒等蔬果……如果能一直保持不過度持有，只須在有需求時再一一取用，這個市場便可望成為一個充滿商機和發展潛力的領域。

如果將來導航也用串流方式來提供服務會如何呢？消費者不用特意去買一台掌上型裝置來操作，也不用像使用 Tmap 一樣需要預先下載地圖資源到手機上，串流的方式是只要有螢幕就能連上雲端上的導航，用戶能隨時獲取從所在位置到目的地之間的路線資訊，以及獲取即時路面訊息，除此之外，導航服務也不必再特別提供軟體版本更新，只要把更新過的交通信號和道路資訊更新在雲端即可，沒有其他需要在個別裝置上完成的任務。而當諸如此類的功能都透過串流來提供時，原先的硬體市場便勢必隨之式微，就像過去的 MP3P、PMP，以及傳真機等都逐漸隨著雲端的發展而轉型成串流了，我們可以用雲端來收發傳真，收到文件也可以在瀏覽器上依照需求來篩選、搜尋，以及列印出來使用。

打開就出現的訂閱服務

繼「個人持有」的時代之後，Uber 和 WeWork（共享辦公室）打開了共享經濟的世界，讓人不用花大筆錢買車也沒關係，也使人從過去那種必須先繳交租金才能租用辦公室的壓力中解放了出來。但其實從以前開始我們就已經有計程車了，也有超短期月付型的辦公室讓人可以在需要時短暫租用，那究竟 Uber 和 WeWork 又有什麼不同呢？其實最主要的差異有兩個，其中一點是和既有商業模式相比，新服務的優勢已經不僅限於用戶在需要時可選

擇短暫付費使用的經濟性，甚至還進一步提供了更好的用戶體驗。計程車或月租辦公室和直接買車或擁有一間辦公室相較之下雖然比較便宜，但卻不能提供乾淨舒適的使用體驗，而與之相反的是，Uber 和 WeWork 等共享經濟的服務，卻真正讓人像是待在自己的車裡或在自己的辦公室一樣舒服，它們的服務有時甚至到了自己持有時可能達不到的水準，反而製造了更好的使用情境。至於另一點不同之處，則是在於它們能夠藉由共享這個概念，而在不投入大筆費用的情況下繼續維持這種獨特的體驗。Uber 並不像一般車行一樣自行購買計程車來經營計程車事業，而是讓擁有汽車的一般人直接成為司機，並藉此運行 Uber 的服務，也因此能夠配合乘客的用途呼叫各種不同的車輛，從高級轎車到數名乘客可以一起搭的休旅車都有，當然這種叫車服務也無須投資太多成本便能推動；而 WeWork 則是讓所有辦公室租戶可以一同共享每間公司都需要的公共空間，例如休息室、會議室、接待室和健身中心等，這樣大家就能在降低營運成本的情況下，依然能夠享有舒適的辦公空間。如今這種共享經濟更是往上跳了一級，正在慢慢轉型成訂閱經濟，此時串流服務的概念和雲端技術就承擔了訂閱經濟具現化時最重要的角色。

　　不過我們可以把所有需要每個月支付一定金額才能使用的東西和服務都稱為「訂閱」嗎？手機網路資費、淨水器與免治馬桶租用、汽車長期租用費用、市內瓦斯與電費、網路使用費、IPTV 費用 ❷……我們能把這些服務都看作是一種訂閱嗎？像報章雜誌這種每月支付費用，並且固定每日每週每月收取的產品或許都的確可以被視為訂閱服務，然而如果我們配合最近以資通訊為核心基礎為消費者提供新服務的訂閱經濟趨勢一起看，那麼上述這些服務恐怕還不足以被定義為訂閱經濟。

　　訂閱經濟至少需要掌握個人的狀況和背景後再配合提供相應的服務。

22　IPTV（Internet Protocol Television），網路協定電視，是寬頻電視的一種。

例如在觀看 KBS 節目時支付頻道收視費用並不會被稱為訂閱，但如果是 Netflix 就會被稱為訂閱了，原因是只要繳交了收視費用，不論是誰都能一起觀看 KBS 定時播放的節目，但 Netflix 卻會根據個人對於電影或電視劇的喜好不同，分別推薦不一樣的內容。至於租用服務又為什麼不能被稱為訂閱經濟呢？因為除了第一次裝設淨水器或每季更換濾心以外，淨水器的租賃業者平時不會沒事和顧客見面，我們也不會感覺到業者每天持續不斷保養著我們正在使用的淨水器；但與之相反的，特斯拉則是每月以七千九百韓元（約合台幣一八五元）的價格提供著付費制行動網路服務，透過這個服務即時提供交通資訊和衛星地圖，以及通過 LTE 網路支援的廣播和音樂串流等，此外包含全自動輔助駕駛功能 FSD（Full Self-Driving）也是每月需支付一九九美元才可以享受的服務——這類服務會隨著時間提供更優異的性能，各種功能也會再被補強。如此這般，對 MZ 世代來說，訂閱經濟正形成一種新串流生活趨勢，蔚為風潮，由於訂閱服務讓用戶可以選擇只在需要時才申請，因此用戶可以只做合理的消費，此外和既有的租用服務不同的是，訂閱服務還能配合提供個人化服務，並且透過手機上的 app 輕鬆操作管理，因此無論是聽音樂、看電影，或是讀電子書或網漫時，也都可以透過訂閱方式盡情使用，就連裝飾桌面的花、啤酒或其他傳統酒類的酒精飲料，也可以透過訂閱的方式消費，另外像是化妝品、健身中心、髮廊等，也都可以每月支付一定的金額，再根據自己的喜好選用各種不同的商品或在不同場所取得服務，這些服務全都是以訂閱經濟的形式提供。

當業者以訂閱方式對消費者提供商品時，最大的好處就在於可以得到忠誠度較高的固定客戶，不再只是完成一次交易後關係就消滅了，而是可以持續與該客戶保持關係，並且對客戶繼續販賣商品。從賣家立場來說，訂閱制不僅能幫助對未來需求有更明確的掌握和防止消費者變心購買競爭對手的產

品，甚至還能發展成推廣其他商品的交叉銷售，因此留下一名選擇訂閱的消費者也就肯定比服務一般消費者要來得有價值。

科技速學

訂閱經濟的核心是顧客體驗

訂閱經濟不單只是銷售商品，反而主要是透過延續和顧客之間的關係進一步提供用戶體驗。從這點來看訂閱經濟和以往既有的銷售模式是不同的。如果要將既有業務轉型成為訂閱經濟的模式，首先要去思考要如何對顧客推薦產品、如何做到客製化，以及從我們銷售的商品中可以創造出什麼樣的服務體驗。韓國現代汽車的轎車訂閱服務「GENESIS」光譜（GENESIS SPECTRUM）讓消費者可以透過手機 app 申請不同款式、車型顏色的 GENESIS 轎車，如果用戶有意願甚至還能每個月申請更換一次，這個服務不僅會將轎車開到用戶的公司停車場或住家前面，甚至還支援了到府洗車的服務，等於是提供了和原有租車或長期租賃截然不同的體驗，用戶可以這個月開粉紅色的 SUV GV80，下個月換開紅色的 G80……根據需求的不同換車來開。就像這樣，如果一項商業服務想要改向顧客提供和原本截然不同的產品使用體驗，那就先思考看看應該提供給顧客什麼樣的服務吧！訂閱經濟的業務設計不是先從計畫銷售量和銷售地點出發，反而應該從思考如何提供客戶服務體驗開始。

二一〇四年 Google 以約三十二億美元的金額買下了開發智慧溫度調節器的物聯網智慧家庭製造商——Nest，並且開始推出資安防護裝置、網路監控相機等各種不同的產品，在那之後名為 Nest Aware 的訂閱服務也跟著上市，有每月支付美金六元或十二元的兩種訂閱方案。美金六元的方案可以保存最近三十天內在 Nest 相機上錄製的影片，而美金十二元的方案則能保存最近兩個月間在 Nest 上錄製的影片，但無論是使用兩台或十台 Nest 相機來拍攝，訂閱費用都沒有差異。Nest 的這項訂閱服務不僅提供了以往網路監控相機就有的錄製影像及儲存的功能，還能辨識錄製的影像中未登錄的人像並提出警示，換句話說，Nest 相機可以透過 AI 臉孔辨識功能來監控可能會引發安全問題的事件並加以通報，除此之外，Nest 還支援了在特定預先指定的區域內出現變化時即時通知主人的功能。另外加入 Nest 的訂閱服務還能透過 Nest 的 app 來指定篩選出影像中有人聲的場景，或是宅配司機來到玄關門前配送的場景等情境，並設定即時通知，諸如此類的辨識和區分特別情境並提供用戶搜尋的功能也正在不斷被更新著，說不定未來還能區分出狗的叫聲、救護車的鳴笛、貓咪的啼哭等聲響呢。就如上面所提到的，未來可能不會只停在將影像錄製進相機中並且加以儲存保管的功能，AI 還會繼續改善產品的易用度，發展出更多元的服務體驗，也因此，未來用戶如果選擇不加入訂閱服務，就會變得無法更強力活用該相機的功能。而除了上述所提到的功能，如果用戶進一步連動能支援 Nest 安全裝置和 Google 助理的家電產品，那當家中有不被歡迎的訪客試圖破門而入時，他們的臉孔就會被拍下來並透過智慧型手機通知主人，此時家裡的照明也能及時被打開，並啟動 Nest 居安裝置的響鈴做出警示。

如此一來，未來製造業的商業模式就不能在開發出好產品後低價銷售這裡打住，還需要思考如何進一步支援產品，讓用戶能更充分使用產品的功能。當

我們觀察特斯拉和智慧型手機時會發現，雖然這些產品已經被賣出去了，但特斯拉和智慧型手機品牌還是會不斷更新軟體，讓用戶使用產品起來更便利，此外也進一步提供自動駕駛或雲端等服務，採取每月收取訂閱金的新型獲利模式來逐步為既有的商業模式增添更多變化。製造業都需要開始思考如何運用 AI 或雲端等技術來提供新的服務體驗，讓顧客能夠持續便利的使用自家公司打造的產品，為此企業所需要的就是雲端的技術，以及像水流一樣持續不斷用串流來對顧客提供服務。

24 電動車、自動駕駛以及行動服務

　　正如蘋果的 iPhone 對手機市場帶來的影響，特斯拉的電動車也正在為汽車產業帶來很大的變化，而這樣的變化會一路開展到什麼程度呢？電動車只是開始而已，當自動駕駛出現之後，人們的駕駛體驗將變得完全不同，就像智慧型手機創造了和以往手機截然不同的體驗一樣，也好比手機開始連上 4G LTE 以及 app 商店的出現所帶來的改變，如今電動車也能透過 LTE、5G 連上網路，未來甚至能像智慧型手機一樣有新的 app 商店出現，如此一來就有新的行動體驗被創造出來，進一步打開嶄新的商業生態系。

電動車也能像智慧型手機一樣

　　通常在汽車品牌做新車發表時，企業的股價會在市場的期待心理下而上漲，但生產智慧型手機的製造商卻是不同的情況，多半在有新的軟體更新或發表新商業型態時股價才會有所動搖。關於蘋果這家企業的價值不僅限於新上市的手機而已，必須從 iPhone 新上市的 app 和新服務與技術，以及新的商業模式中尋找。也就是說，iTunes 和 Apple Music、App Store 上新推出的 Arcade[23]，或是 iMac、iPad、iPhone OS 的更新下改善的功能，才真正會為蘋果企業的價值帶來影響。

　　二〇一九年上半年 app 商店的營收和前一年度相比增加了一三％，二〇一五年推出的 Apple Music 在上市四年後，付費用戶首次突破六千萬人。多

23　Arcade 是蘋果在二〇一九年推出的遊戲訂閱平台，可以透過 iCloud 帳戶在不同的蘋果裝置上遊玩，並開啟家庭共享。

虧了這些成果，二○一九年第二季 Apple Music 和 App Store、iCloud 等服務事業的營業額也逼近十四兆美元，占了整體營業額的二一％。而 Google 在二○一八年時的硬體營業額為八十八億美元，僅占整體營業額的六％，儘管如此，Google 仍持續推出許多不同的裝置，這些裝置的共同點就是能和 Google Cloud 配對運作，和一般製造業者所生產的裝置不同，會透過許多軟體的更新來提升產品性能，或繼續追加新功能，此外這些裝置的另一大特徵是可以和豐富的服務連動，也一併擴展了裝置使用體驗。

如此一來，Google 生產的硬體銷售量雖然較低，但卻能持續守住忠誠度高的消費者。實際上使用 Google 助理和其支援的各種 Google 硬體設備時，就會在不知不覺中購買了一個又一個的產品，因為對服務上癮，所以開始使用的 Google 裝置也莫名增加了。舉個例子來說，Google 製造商 Nest 所販售的網路監控相機可以和「Nest Aware」這個以 Google 雲端為核心的訂閱服務配對使用，一旦開始使用並且隨著產品可用度的提升，人們漸漸就不只擁有原先入手的居安監控相機了，還可能進一步購買智慧安全門鈴或溫度調節器等產品。這樣下去，服務競爭很快就會擴張成為硬體產品的主要競爭力，也因此三星電子的競爭者現在已經不只是蘋果了，甚至連 Google 也躋身其中。隨著這種競爭拓展至全方位領域，我們也可以預見連汽車這樣的傳統硬體產業也會開啟服務戰爭。

電動車就和智慧型手機一樣總是會連上網路，在停車時，電源也會維持在不完全關閉的待機狀態，也因為車輛一直處在供電的狀態，即便是在停車時也會持續收發數據，當我們將電動車連上手機時，就不僅能確認電動車的位置，也可以隨時確認車輛黑盒子錄下的影像，除此之外，別說遠端遙控車門和打開車窗了，搭載自動駕駛功能的車輛甚至可以用無人駕駛的方式把車子從停車的位置移動到我們所在的位置，特斯拉系統中就有提供這項名為「智慧召喚」（Summon）的功能。如上所述，將來為了逐步改善汽車的功

能和性能，汽車也有必要像智慧型手機一樣持續更新軟體系統，如此一來，和既有汽車不同的電動車就幾乎足以被稱為智慧汽車，它們提供了和智慧型手機類似的駕車體驗，並且開創出了新型商業生態系。

電動車──面向新型行動體驗的主導權戰爭

　　汽車是將人安全又快速帶往目的地的交通手段，但電動車卻不是如此，電動車不僅是交通手段，它還是在車內提供了音樂、電影、遊戲等各種行動服務的網路終端機。實際上電動車和傳統汽車大不相同，車子方向盤旁邊的儀表板上也配備了大型螢幕，這些電動車裡的大型螢幕上充滿著各種傳統汽車沒有的各類情報及娛樂內容。

　　其實過去汽車內搭載的螢幕顯示器幾乎可以說有如雞肋，先別說基本配備的導航系統性能不佳了，連操作方式都相對不便，所以我們通常都是用手機上的導航軟體吧……對車裡的資訊娛樂系統（Infotainment）是連正眼看都不看。相較於筆電平板和智慧型手機，只能說在車上播音樂、看影片的體驗幾乎就跟使用二十年前的電腦沒兩樣，是相對不便的，所以 Google 透過 Android 版本的「Auto」，蘋果則利用「CarPlay」來讓用戶將智慧型手機連上車用螢幕，如此一來，用戶就能用車內更大的顯示器來操作智慧型手機上的導航軟體，也能更方便的播放音樂或使用通話功能。因此雖然車用顯示器是汽車製造商所提供的，實際上活用車用螢幕畫面的卻是 Google 和蘋果的平台，而這些其實也都需要汽車製造商提供支援才能使用。不過不管是基於購車客戶的要求，或是從使用者體驗的角度出發，都因為智慧型手機品牌所提供的功能更優異，所以許多傳統的汽車製造商都沒有選擇獨立運作車用螢幕，而是開放用戶將蘋果和 Google 的智慧型手機連上車用螢幕使用。

　　然而特斯拉的作法卻是全然不同的。二〇一九年九月特斯拉發表

了 10.0 版本的軟體更新，新增了特斯拉劇場、KTV、特斯拉《茶杯頭》（Cuphead）遊戲等，進一步強化了娛樂功能。用戶在特斯拉停駛的狀態下就能直接從特斯拉的中控台螢幕上直接連上 Netflix、YouTube、Hulu 等串流平台觀賞節目，甚至為了涉足中國市場，特斯拉也正在考慮進一步導入愛奇藝、騰訊視頻等串流服務來提升在地化體驗。至於 KTV 的新功能則是提供了點歌隨唱，另外也有 Podcast 和 Slacker 個人電台來強化特斯拉的音樂功能。除此之外，特斯拉更是在二〇二〇年十一月透過韌體更新開始支援數位音樂平台 Spotify 的服務。

特別是從以前開始就有的特斯拉車載遊戲訂閱服務 Arcade 上也追加了新的遊戲《茶杯頭》，駕駛可以把汽車方向盤和踏板當成遊戲控制器進行賽車遊戲。除此之外，特斯拉的車內導航功能也都經過補強，搜尋餐廳位置與車輛周遭場所的過程都變得更簡便，當然中控系統的相機和車內黑盒子的功能也都被強化了不少。

隨著電動車提供了愈來愈多豐富的網路服務給用戶使用，汽車便不再只是單純的交通工具而已，特別是當將來自動駕駛功能更完善以後，駕駛和乘客就不用只專注在駕駛上，在前往目的地的期間也可以同時休息、玩遊戲、工作和讀書……開始出於不同的用途而期待車輛內的新服務，此時用戶將不再只是看手上的智慧型手機或平板，而能開始利用電動車內建的功能，電動車也將藉此為用戶帶來全新的行動體驗。也就是說，繼電視和智慧型手機之後，電動車將有望成為第三代網路終端機，成為能夠提供新型態網路服務體驗的手段，而在其上也將有更多新的商業型態被創造出來。

智慧汽車的新平台商業模式

特斯拉並沒有像以往的汽車品牌一樣讓消費者將智慧型手機連上車內

顯示器，用同步的方式使用車用螢幕，簡單來說，就是特斯拉並沒有支援Google Auto、Apple CarPlay，沒辦法將智慧型手機畫面用鏡像投影的方式直接投上車內的螢幕。換句話說，特斯拉是在建立一個和智慧型手機脫鉤的閉鎖型汽車平台，並且夢想著要像 Apple Store、Google Play 一樣，在特斯拉獨立的平台上搭載許多服務來建立汽車專屬的商店，即使沒有智慧型手機也可以將特斯拉的車子本身連上網路來享受網路服務體驗，特斯拉正是這樣不斷在車內本身打造更多全新的使用體驗。至今這些體驗雖然還是由特斯拉主導開發，但可以預期特斯拉平台會像智慧型手機過去經歷過的一樣，會有更多不同的外部業者開始參與，如此一來以電動車為核心的行動平台有朝一日便會完成，那麼電動車就能以第三代網路終端機之姿化身為新型商機的廣場。

我們在過去十年期間已經目睹了將手機連上網路後創造了什麼樣的平台商業機會，因此當汽車連上網路後，出現新平台商機的結果便更是顯而易見。二〇一九年四月，伊隆・馬斯克宣布將以二〇二〇年為目標推出機器人計程車（Robotaxi）這項新事業，自動駕駛的功能將不只是用在將我們自己送往目的地的這件事上，還能作為接送其他人的機器人司機，讓特斯拉電動車成為賺錢的機器，這等於是 Uber、TADA 或 Kakao Taxi 沒有司機的版本。特斯拉的計畫是，當特斯拉的車主在特斯拉的網路平台上將自己的特斯拉登錄成機器人計程車時，該車輛在車主本身不使用特斯拉的時間中就能被當成計程車使用，藉此活用特斯拉電動車本身的自動駕駛功能，並推動前所未有的新平台商務模式。

此外車輛充電、停車、洗車，以及得來速與汽車電影院等汽車相關產業領域勢必也會開發出更多便利的服務體驗，出現更多新的商機。就像我們現在能用智慧型手機看電影、預訂票券、叫車、購買商品和結帳等，這些改變引起了許多產業的革新，因此我們可以預期未來汽車上也能展現在行動裝置上的體驗和其他服務，展開新的產業變革。未來汽車產業的服務對象將不僅

限於汽車駕駛員本身，而將以乘客為對象，從車輛移動到暫停和停車過程中，只要是乘客可以享受的各種服務都能成為新商機。

科技速學 ●

超越行動支付的車內支付系統（ICPS）

行動（Mobility）的第二次進化可以預見會發生在汽車本身的革新。隨著汽車產業轉往電動車發展，汽車將能連上網路，就像電腦和智慧型手機一樣成為另一種使用網路的工具，未來人們也將能在車內享受豐富的車內娛樂服務，而這時就需要有車內結帳功能了，也就是所謂的車內支付系統（ICPS，In Car Payment System）。ICPS 作為一種使用汽車的結帳服務，將成為繼行動支付之後以汽車為核心登場的新型支付解決方案，同時扮演促進移動服務革新的催化劑。人們為了立即享受車內的各種資訊娛樂服務，快速支付當然是必要的，此時 ICPS 就派上用場了。此外像是到星巴克得來速消費或是行經高速公路上的自動繳費閘口時需要利用汽車快速繳費的情境等等，ICPS 在未來也將被廣泛使用，無論是停車場、洗車場，或是電動車充電和汽車露天劇場等各種目的，都有望導入汽車付款，使其邁入普及。

只是目前不只特斯拉一方正在爭取獨占車內大型螢幕和音響主控權，Google 和蘋果也會正式加入這場一觸即發的戰局。與此同時，傳統汽車產業也極有可能面臨缺乏建構獨立平台的技術或是打造系統生態系的戰略，而選擇附庸在 Google 和蘋果之上。然而汽車相關平台不只出現在車子內部而已，其實也很容易在汽車以外的周邊產業中找到，例如車輛穩定控制系統和其他控管相關的手機 app 和網站等外部服務，以及公開的汽車生態系等等，

這些服務和生態系的組建也是汽車本身以外的平台型態。將來以支援更多外部平台為目的，汽車品牌首先必須公開在車輛內部蒐集到的資訊，並且開放可以控制汽車的應用系統介面（API），用間接方式策劃推動汽車平台的策略，而這類策略也有望成為傳統汽車企業的主要平台戰略。

科技速學

特斯拉的獲利模式是什麼？

特斯拉的獲利模式包含銷售車輛以及特定功能的訂閱以及付費軟體，和以往的汽車製造商不同的是，特斯拉並沒有以銷售車體及其他汽車消耗品當成主要獲利模式，反而也具備銷售軟體的營利管道，並且再往上一層，特斯拉還打進了能源市場，透過太陽能發電來產生再生能源，再把生產出來的電力透過自己的充電所繼續幫其他特斯拉車輛充電。一言以蔽之，這就跟現代汽車經營 SK 加油站沒兩樣了。此外，特斯拉未來也可能利用從特斯拉車上蒐集到的數據來建立包含汽車保險以及各種與數據相關的獲利模式，未來不管是以機器人計程車為基礎來開展交通中轉服務，或是透過車輛上的 app 商店來銷售軟體，特斯拉能建立的商業模式將愈來愈多。

電動車蒐集了大量與駕駛和充電相關，以及車輛黑盒子中捕捉的影像等各種資訊數據，這裡所蒐集到的數據不僅可以被用在汽車相關服務上，還能被運用在電池與防盜保安等相關產業中，這些數據將進一步提升人工智慧科技並對自動駕駛的進化帶來幫助。在各種駕駛相關數據的挹注之下，都市內的交通管制，以及和交通系統緊密相連的智慧城市系統中存在的缺漏都將被加以修補，車輛拍下的各種影像畫面也會對社會治安和防盜帶來很大的幫助。由於未來車輛將能隨時連上網路和蒐集資訊，於是全國的汽車便會搖身一變成為街上的即時影像監視器 CCTV，無論是追緝被竊車輛或是通報事故，乃至於當道路毀損時提醒周邊車輛注意等等，這些新技術都將為提升都市安全帶來一份貢獻。未來當自動駕駛成真時，關於車內各種服務體驗的需求也將隨之增加，於是根據用途不同而改變空間和車內設計的新型車輛資通訊平台服務也可能會出現在大眾眼前。繼智慧型手機之後，汽車也能連上網路並透過軟體來操控，對我們未來的行動裝置體驗和商業發展帶來全新的變革。

25 告別二氧化碳——氫燃料電動車的時代來了

我們都生活在一個需要國家和企業共同承擔社會角色和責任的世界，以便我們的星球可以保有永續發展性，也就是說，所謂的「環境友善、社會責任、公司治理」的 ESG 經營模式也逐漸成為企業管理的重要方針。企業經營指標從過去只被要求創造財務績效，如今慢慢被轉向成企業必須擔負起環境和社會，以及企業支配構造等的相關責任，從這個層面上來看，作為一種能夠保護地球環境的方法而浮上檯面的碳中和實踐方案——氫經濟的必要性也跟著水漲船高。既然如此，這是否代表氫燃料電動車會比電動車更能達成淨零（Net-Zero）的成果呢？

電動車不是正當紅嗎？為什麼又提氫燃料電動車？

二〇〇〇年，氫經濟雖然作為汽車工業的轉折點以及因應全球暖化的方案而一度在世人眼前亮相，但由於難以確保其經濟性且同時間電動車也正在快速發展，世界各地對氫經濟的關注度便一直很微弱。然而在二〇一五年巴黎氣候變化協議之後，鎂光燈再次投射向了氫氣的作用，特別是在難以用電力來替代的運輸領域，氫燃料和氫經濟因為能夠成為石化燃料的替代品而再次受到矚目。韓國國內的企業像是 SK、現代汽車、浦項鋼鐵等也在主導國家級氫經濟復興的同時，率先投資氫能發電事業，並將主力放在氫能發電廠、氫燃料電動車（氫能車）的相關設施和氫能技術開發等等，這使得韓國在氫能車和燃料電池的發展領域中特別具有競爭力，只可惜氫能車依然沒有滲透進我們的日常生活，一般大眾對氫能車的認知度也普遍不高。

電動車和氫能車各有不同的機動原理，一般電動車需要配有電池，而氫能車則需要有氫原料，先利用氫原料發電供給電動車之後車輛才能運作，因此更精確地說，氫能車應該稱為氫燃料電動車。我們只要想成一般電動車是在電池作用下運行，而氫能車則是利用氫燃料製成的電力來推動就可以了。既然如此，為什麼要繞一大圈不用電池而使用氫燃料呢？這是因為使用氫燃料時充電會比較快。電動車就像智慧型手機一樣使用電池，充電時間很長，且因為電池重量的關係車本身也會變重，而氫能車是用氫燃料槽來充氫燃料，因此就像是以往的汽油車加油一樣，可以用和加油差不多的速度完成充電。

只是和一般電動車不一樣的是，氫燃料需要額外保管燃料槽的空間。由於氫燃料加油站還沒有像電動車一樣普及，且氫燃料生產價格昂貴也是個問題，最終如果要讓氫燃料在市場上普及，還是需要仰賴量產系統的建立才行。然而目前全世界的汽車大廠似乎都寧可先投資在基礎建設已經完備的電動車上，而沒有辦法將重心轉往氫能車，氫能車未來反而有較高的機會率先被導入卡車或是公車等具有特殊功能的車種。

科技速學

環境比電動車和氫能車還重要

電動車和氫能車之所以受到關注，起初是因為氣候變遷、暖化等為了保護地球環境而被倡議。由於利用石油來運轉的汽車必須仰賴石油的開採加工，在汽車運行的過程中也會產生許多二氧化碳和微塵，但另一方面電動車和氫能車在運轉過程中雖然幾乎沒有微塵等排出的廢氣，可是在生產電力或氫燃料的過程中，也需要用到傳統的石化能源並持續排出二氧化碳，因此比起促進氫能車和電動車普及這件事，更

重要的課題應該是在生產過程中最小化二氧化碳的排放，為此我們更需要關注親環境能源的生產、再生能源的利用等等，並且也應該更關心我們正在使用的電力和氫燃料是怎麼樣被生產出來的。

比氫能車優先的氫能經濟！

氫能經濟代表的是將氫作為能源使用的過程中必須具備的產業和市場，應從廣義上將其劃分為「生產－儲存」以及「運輸－利用」這幾項再加以分析。特別是氫燃料在使用過程中不會使溫室氣體或微塵等有害物質被排放出來的特點，也令其在與現有的石化能源比較的過程中被評為可再生能源。正如同使用天然可再生能源而非石化燃料來發電也算是一種維護地球綠化的方式，比起把電力儲存起來再使用，將氫直接作為能源使用反而能確保更乾淨的空氣品質。

隨著碳中和政策成為世界性話題，使用氫氣的能源生產就和太陽能、風力等自然能源一起成為解決溫室氣體問題的替代方案——「淨零」以及「淨零碳排社會」的一環，一同受到關注。只透過太陽能發電其實很難維持穩定的電力網，特別是再生能源會因為季節和早晚的不同而使得供給與需求不一致，因此為了確保更平均的能源供應，我們就需要投入氫能源，利用再生能源產生的電力會被儲存在「能源儲存系統」（ESS，Energy Storage System）電池中，這種電力的儲存用量少，可儲存的時間也較短，所以不太適合大規模電力消耗使用，而正因為氫能源能成為它的替代方案，因此世界對氫能源的需求也逐漸浮上檯面。

特別是氫能源發電還能和再生能源結合使用，目前使用傳統能源系統的領域大致可分為發電、供暖、運輸等大項，不同領域各自使用不同的能

源——發電使用電力，供暖使用火力，運輸則是使用石油，如果能運用各領域的不同能源支援氫能發電並儲存為氫燃料，則因為氫燃料可以在各個使用領域自由移動的特性，如此便能大大提高能源傳輸的效率。

氫能源的生產和儲存氫能源的燃料電池已經透過穩定的技術持續發展，也因此提高了生產力，當將來實現大規模生產時，就能預期有規模經濟效益，氫能源能用比其他能源技術更低的價格投入生產，所以許多國家也開始將氫能經濟視為主要核心戰略開始投入育成行動。而韓國在氫能源生產和儲存相關技術領域上雖然相較許多領先國家來得落後，但在氫燃料電池以及將其移動和利用的領域上則處於領先地位。

在生產和儲存氫能源相關領域上，以美、德、英、中等國家投注資源的積極度最高，不過氫能源的生產主要分成兩種方式，一種是利用石化燃料來抽取氫燃料的藍色氫能（Blue Hydrogen），以及透過太陽能、風力、水力等再生能源生產氫燃料的綠色氫能（Green Hydrogen），當然綠色氫能比較具有友善環境的特性，但從效益層面來看則是藍色氫能更勝一籌。然而正如氫能經濟誕生的背景是基於友善環境的理由，長遠來看氫燃料的生產還是會以綠色氫能為主，因此提升其經濟性的技術研發也愈來愈蓬勃。

從能源儲蓄和輸送的層面來看，在擁有眾多優點的氫能源經濟領域中，主要還是集中在研究如何提升能源密度以及達成長距離運送和長時間保管等議題上。此外隨著使用氫燃料的裝置除了原有的汽車、卡車和船舶等的運輸裝置外，也開始往建築物和工廠等各種場所延伸，市場上對能夠運輸儲存氫燃料的基礎設備需求度也隨之快速激增，為此除了氫能生產和發電以外，運輸和儲存等相關的商機也可望漸漸出現，與此相關的研究和投資也會跟著有所成長。

科技速學

氫能經濟最大的優勢

氫能源過去曾被當成航太業的火箭燃料使用，而如今氫能源也有愈來愈多的機會被擴大引進汽車及家用燃料電池、潛艇或飛機等特殊用途和輸送目的上。氫能源之所以如此備受鎂光燈矚目的背景，在於光是透過太陽能、風力等大自然力量發電的方式還不夠，而透過氫的化學反應產生的電能和其他自然能源相較能夠大量生產，並且在將其轉化為電能之前還能以氫燃料的狀態儲存，因此在運輸和儲存上都很方便，更別說氫氣占了宇宙質量的 75%，算是相當常見，甚至可以說是近乎無限。只是我們也必須考量到是否有其他備案可以克服氫燃料生產過程中的溫室氣體排放問題和其他經濟效益的疑慮，為此天然氣和沼氣也正在被考量納入生產氫燃料過程中必備的能源。

現在正好是判斷電力或氫能生產出的能源究竟是石化能源或是自然能源的重要時期，石化燃料所生產的能源無法確保地球的永續發展，所以首要的是判斷該透過什麼來創造能源，以及被生產的能源是否為清淨能源，再者是因為光是透過儲存電力再利用的方式無法填補產業發展時所需的電力，因此才需要考慮使用氫能源。由於電力無法被儲存太久，也無法被運送到遠方，而氫能源在氫燃料狀態下被儲存時卻可以很容易被輸送和儲存累積，因此氫能車能使人像以往開加油車一樣快速從氫燃料槽加油，比使用電池的電動車更容易充電。另一方面從使用者的觀點來說，不管是氫能或電能，只要能使用穩定又乾淨的能源就可以了，所以最近大眾對氫能的期待也逐漸提高。我們正活在一個喝杯咖啡都要用馬克杯，用一支吸管也必須慎重

考慮地球環境的時代，如今我們也將開始迎來必須計較我們使用的能源是如何被生產的，以及該能源是否為清淨能源的時代，就如同追蹤食品原產地一樣，能源是怎麼被生產的也可以被精確的追究，且人們也可以更有選擇地自行選用清淨能源，並支付相應的差價。試想為了達到這個境界還需要有什麼樣的技術支撐吧，如此一來，想必就能比任何人更快掌握商業先機。

26 由AI人工智慧和IoT物聯網來運作的智慧工廠

人工智慧和物聯網不僅改變了我們個人的日常生活，也正在改變企業，這些技術被用於工廠和工作場所，甚至在農場、果園和漁場等地也導入了使用人工智慧和物聯網技術的無人機來增加產量以及維護安全。在不遠的將來或許也會出現無人農場、沒有人力投入的果園，以及用機器人來運作的工廠等等，製造業基本上不僅會受到數位科技的影響而改變以往的生產方式，連同商業模式也會跟著產生變化，我們也可以將其稱為產品的服務化。

智慧工廠和數位分身

製造業普遍運用的數位科技主要是在生產過程以及工廠內採用的智慧製造。企業為了提升工廠產能以及商品製造的收益而導入機器人，並設置各種不同的感測器來蒐集數據加以改善工廠，這些過程就是最具代表性的工廠數位轉型過程。而導入了物聯網技術的工廠——也就是生產物件（thing）的場域——才能算是智慧工廠（Smart Factory）。在製造業工廠的生產流程中活用無線感測網路和大數據、人工智慧等技術來大幅減少生產成本及預防事故發生的同時，就能自然提升產品利潤，這也被稱為智慧型製造、製造革新和工業4.0。當然在農業等產業中，也會使用無人機和自動駕駛牽引機來提升生產量；醫療業也導入了使用5G的機器人技術來實現遠端看診，透過結合患者的治療數據與機器學習和深度學習技術，人工智慧技術有望被進一步提升，協助醫生做出準確的診斷。

智慧工廠能透過各種管道品質和數量較高的客戶數據，並將其運用在

新產品規劃中的雛形設計（prototyping，生產前預先以測試目的製作的模型），以及測試時會採用的 3D 列印技術上，在生產產品的工作上也會利用數位分身等技術來降低錯誤發生率，藉此提高生產收益。

在智慧工廠中會使用到感測器、數據，以及數位分身的階段大致上分為三種。

第一種是用於從工廠中蒐集大量數據，並透過在雲端上進行的分析，摸索出能夠監控工廠狀態並提升產能和效率的方法。

第二種則是將工廠的機器遠端連上雲端，使人能夠遠端控制和管理工廠的狀態，換句話說，就是工廠直接連上網路，可以遠端遙控的狀態。

第三種是在網路上打造和實體工廠一模一樣的虛擬工廠，不在現實中操控，而是在虛擬的工廠中調配工廠的運作並加以預測的階段。這個階段不會在實體工廠中進行任何實驗，反而是利用虛擬工廠來嘗試各種不同的測試，試圖從中找出最適合實體工廠的運作方法，最後根據實驗的結果再導回實體工廠中達成改善實體工廠的效果，這就是所謂的「數位分身」（digital twin）。

愛迪達的 Speed Factory 和特斯拉的 Giga Factory 都是頗具代表性的智慧工廠，兩者都有這樣的特性：比傳統工廠使用更少人力生產多樣產品，以及能透過蒐集各種數據不斷改良工廠製造工藝。

然而數位化技術除了被用在上述工廠生產領域本身的數位化過程之外，還可以被運用在簡化和改善我們為自己所製造的各種產品進行的相關行銷、生產管理、產品企劃和產品開發等任務，這些任務也都是企業能夠利用數位化技術進行革新的一種方式。重要的不僅是將產品本身數位化，而是即使在維持既有產品的情況下，也能在產品企劃、開發、生產和行銷等過程中充分活用數位化技術，進一步創造出價值。

科技速學 ○

製造業苦心追求的數位轉型（DT）是什麼？

單單工廠的數位化還不足以視為製造業苦心追求的數位化轉型，因為雖然在製造業的生產工廠導入數位化技術，對企業來說的確可以換取產能和效率的提升，以及節約成本等價值，但實際上卻不能為客戶帶來新的價值，也沒有辦法改變企業的商業模式。而透過企業數位化轉型所帶來的最高價值卻是促成商業模式的革新，並藉此來增加新的客戶和提升使用者體驗。因此為了數位轉型，企業必須先改變商品本身，而物聯網就因為能協助改變企業提供給顧客的商品並提供全新的客戶體驗，所以足以被稱為製造業所應該追求的終極數位化轉型。

AI 人工智慧所開展的製造革新

目前不僅在特定產業，數位轉型已經在所有產業都成為熱門的生存必要策略，尤其是最近隨著 AI 和大數據等技術革新、物聯網等趨勢抬頭，製造業的數位轉型也逐漸成為企業的生存策略。不過儘管在為製造業實現技術轉型的這個議題中可以考慮的技術各有千秋，但從中我們還是可以先來看看使用 AI 的製造業數位轉型。

AI 大致上可以分成兩塊，其一是針對企業內的特定目的找出最佳化問題解決方式的工業 AI，另一種則是作為一般使用者都可以使用的服務，被稱為 AI 助理的前沿 AI。在製造業領域中可以透過活用這兩大 AI 來促進事業的革新，其中工業 AI 可以被用在產品的生產製造、企劃行銷、業務，以及公司內部的各項工作領域中，也能根據需求的不同而分別取捨選用，例如

在半導體的製造工廠中判讀產品的不良，或是汽車的自動駕駛、IP 監控相機的人臉辨識都是這種類型。

而前沿 AI 則是被應用在產品本身中，在使用者使用該器材時提供更便利的體驗。例如飛利浦推出的照明裝置能夠連上網路與 Google 智慧家庭或 Siri、Alexa 等 AI 助理配對，利用人聲就能操控這些照明裝置，使其開關或是調整照明亮度和顏色，或是設定成家裡沒人時自動關閉、有人下班回家時則會自動開啟等。而為了讓產品可以像上述一樣連上網路與 AI 助理們連動，使用戶能更便利的使用產品，產品就需要有可以連上網路並透過雲端來管理的功能，也需要蒐集各種數據掌握使用者的狀況，令產品能夠被自動控制。

至於製造工廠中最完善的數位轉型狀態則仍非「智慧工廠或數位分身」莫屬，然而這類數位轉型的投資成本往往所費甚鉅，也往往需要歷經漫長的時間才能取得成果。另一方面，工業 AI 卻可以透過直接在流程中應用人工智慧來解決特定問題或消弭低效率步驟，從而改善收益及提高產能，因此在追求數位轉型的過程中，如果可以導入 AI 來解決企業的特定商業問題，就有望更快且更輕易獲取成果。

儘管企業在促進數位轉型的過程中，從能創造新客戶價值以及擴大市場等的新型商業模式或事業角度切入來看會是遠大的願景沒錯，但數位轉型所需投入的時間和成本還是很可觀；反之，如果是維持既有的商品和事業水準，只以節省生產或行銷等領域的成本以及提升產值為目標導入數位轉型，那麼只要能找到適合的解決方案便能立刻應用，也有機會在短時間內看見改善的成果。

從這個角度來看，在製造流程中透過 AI 更快速精確地檢出或預測產品不良，或是感測廠內設備和設施是否有故障，這些能協助維護工作場域環境安全的各項解決方案都能實質提高生產力。

製造數位轉型的完成以及產品的服務化

　　Kinsa 這家公司所推出的體溫計透過連上網路提供新的用戶體驗，可以說是物聯網產品的一個代表案例。

　　像這樣連上網路的產品與過去不同，它們會在測量數據後進行蒐集和管理，進而提供各種附加服務，這就是製造業的服務化。藉由這種模式，企業不只是販賣體溫計賺錢，還額外提供了各種附加價值，並能以此為基礎促進更多商業服務，根據給予客戶的新體驗和價值來應用在各種商業模式上，達成最終提升企業價值的目的。

　　如上述透過徹底改變現有產品的使用者介面，為使用者提供使用產品的服務體驗，便可以稱為產品的服務化或製造的服務化，這和以往的純製造是截然不同的概念。過去在生產物品販賣給消費者時，工廠端在生產硬體裝置的過程中是將其設計為只能以人工操作的模式使用，而能夠操控該硬體的方式則被寫入了所謂的韌體中，使用戶沒辦法輕易對其做出調整，產品就是在這樣的石化模式下被生產出來。

　　另一方面製造業的服務化則不但沒有鎖住可以控制產品的軟體，反而使其可以被動態改變，除此之外，還能和外部軟體配對作用，這便是產品的服務化（servitization）。為了達成這樣的效果，產品必須能連上網路，並且能透過雲端在各種軟體上存取和連動各種被預先輸入進產品的訊號和數據，以及操作該產品的各項指令，並透過這樣的方式運作。簡單來說，過去的產品偏向只在封閉的生態系統中運作，而服務型的產品則會與開放生態系統中的其他服務進行交互作用，並據此運行。

　　如果像這樣將製造一一轉型為服務化，試想會有多少領域需要數位轉型呢？這並不是單純只靠技術上的雲端、大數據、AI，以及物聯網和行動應用程式等軟體相關支援就可行了，在服務化的過程中為客戶帶來的價值，以及

我們需要獲取的商業價值及獲利模式、ROI（Return On Investment，投資報酬率）等的相關評估自然不可少，同時也需要考量產品可以和外部的哪些服務對接，以及該產品的行銷和銷售策略，還有資安相關的問題。當然在製造的服務化實現以前，為了消弭傳統的製造或銷售、行銷、業務流程中的低效率措施，也應思索是否能以數位化技術為基礎來導入各項適用的解決方案，綜上所述，製造業的數位轉型策略應該要在深思熟慮以及系統化的評估下進行才行。

科技速學 ○
製造業裡所需的服務設計

美國一家名為 Qwake Technologies 的新創公司開發的「C-thru」安全帽，是針對消防人員需要出入火場拯救人命且快速滅火的目的所研發出的特殊安全帽。消防人員戴上這個安全帽後，便可透過右眼前方裝設的小型 HUD（head-up display，抬頭顯示器），在煙霧瀰漫的現場輕易辨識物體的輪廓，很快掌握前方倒下的人。這項產品所使用的技術是人工智慧的擴增實境科技，除此之外，這個安全帽還搭載通訊裝備，消防人員可以透過它與其他消防員通話或和消防指揮中心交換資訊，另外消防指揮中心還可以透過室內定位技術掌握消防員的所在位置，安全的管控現場狀況。而在製造 Kinsa 體溫計或 C-thru 安全帽這類產品時，都必須應用與以往不同的技術，提供以軟體為基礎的新型服務體驗更是尤為重要。

當工廠導入數位化身等技術，正式展開數位轉型時，我們會需要的能力有什麼呢？我們將會被要求具備不同於以往維持工廠運作的技術或工作能力。也就是說，我們或許會需要開始思考應該在工廠的哪個位置裝設哪種感測器、應該蒐集什麼樣的數據資料比較好，而蒐集到的資料又是如何儲存在雲端中、使用在什麼目的上等等。除此之外，也需要思考如何解讀工廠中蒐集到的數據且經人工智慧分析後的結果，並且判斷如何將這個結果導回工廠中，同時也必須要能夠決定使用數位技術想要預測的內容是什麼，以及怎麼把收集到的結果重新活用在工廠中等等。這些能力都和過去管理工廠所需要的技術和專業能力不同，為此我們便需要增進對數位科技的理解，也不能對使用或體驗這些新技術畏縮，唯有積極學習以及在工作上慢慢應用和體驗，才有可能逐漸理解這些技術。而在製造的服務化過程中如何以新的數位科技為基礎設計新的顧客體驗，以及將其具現化的能力也是很重要，這些都是製造業數位轉型過程中所需的新工作技能。

| 第 5 章 |

改變世界的各種科技領域

一九九八年時有位在 KBS 研究院講課的講師和我聯絡，希望我能對電視台從事電腦管理工作的職員開設一場關於電腦組裝和修理方法的講座。當時我剛好和永進出版社（音譯）一起出了一本叫作《簡易學習電腦組裝與修理方法》的書，因為這本書的內容剛好和講座主題相符，所以才邀請我擔任講師，在那之後，我也以專業電腦講師的身分活動，針對各種關於活用電腦相關的主題演講。當時不只是企業，舉凡學校、公共機關、老人福利單位等社會上的各種領域都需要這種電腦和網路相關的講座，而相較之下，現在對電腦講座的需求卻遠不如當年，現在的企業反而都在要求開設雲端、大數據、AI 人以及數位轉型和元宇宙等相關的講座，許多即將創業或求職的上班族和學生更是對這類資通訊領域趨之若鶩，科技就是這麼深刻的走入了我們的日常生活。現在我們不再是「學習」電腦，因為操作電腦已經成為一件理所當然的事，甚至在現在的時局中比起學英文，或許還更應該學習掌握資通訊動向以及數位科技，特別是那些不在大企業工作的中小企業員工，因為公司的支援不足，所以自己更應該自行學習來累積資通訊的能力，這已然變成能在這個世界上擁有競爭力的方法，而這個現象已經不只發生在二十到五十歲在社會上工作的職場人或自營業者身上，連十幾歲的年輕人和幼兒，以及六十歲以上的長者都必須面對。

27 談談改變世界的科技

　　二十年前我上大學的時候，最喜歡在要搭一小時左右的公車上坐在最後方的座位，路程上看著公車上來來去去的人，以及街上的風景和走在街上的人，對我來說簡直再愉快不過了。我會不斷轉頭環顧四周，觀察人們的行動，如果覺得每天一成不變的生活很無聊，我有時也會在公車上看報章雜誌或是讀本書。當時我在學校遇到的同學有限，接觸到的情報隨著學年的不同也幾乎是固定的內容，甚至連同儕之間的煩惱都是類似的，在沒有太多複雜想法的大學一年級就只是努力參加聯誼或喝酒，盡情享受青春，到了二年級之後則是有是否要先入伍的煩惱，三年級時專注在衝學分上，四年級時則陷入了求職的苦惱……相較之下，現在的大學生卻是在激烈的競爭下沒辦法享受這般空閒和浪漫，而帶來這種天翻地覆的變化的當然就是科技了。

以十年為週期改變的科技生態系

　　因為科技原本就變化多端，我們安身立命的社會以及職場便隨著時間的過去而變化得更快。就連在科技業界打滾的筆者都因為如此變化快速的現實而心思混亂地幾乎沒有半天餘裕，試想不在科技業界從業的人又該怎麼辦呢？如果我們回顧被科技改變的我們一代的人生、社會以及產業，那麼就會發現過去幾乎每十年科技就會改變一次這個世界。

　　一九九○年代的資訊環境是被電腦通訊支配的，二○○○年代是被全球資訊網（WWW）掌控，而二○一○年代則是由行動數位支配著。巧合的是，資通訊平台大約每十年就會發生一次變化，從以鍵盤為中心的電腦通訊

轉向以滑鼠為中心的網際網路，如今則是以使用手指觸控為主的智慧型手機，操控方式也跟著變了。最早用鍵盤操作 Hi-Tel、千里眼、Nownuri[24] 的時期會在 MS DOS 環境使用稱為「話語」（이야기，I-Ya-Gi）的軟體，當時電腦還是以 486、奔騰（Pentium）為主力機種，人們為了使用電腦通訊還需要使用數據機裝置。

　　在以 486 電腦和 MS DOS、數據機所構成的電腦通訊平台上，透過鍵盤控制 UI（user interface）來運作「話語」這個程式。當時主宰這個時期的就是電訊公司，像是 Hi-Tel 由 KT 所有，千里眼則隸屬 DACOM 這家公司，由於使用愈多電腦通訊，就需要付愈多通訊費用給有線電訊公司，所以這段時期電訊業者最為受惠。

　　然而隨著一九九八年網際網路的登場，電腦通訊就開始走上歷史的小胡同，逐漸消失在世人眼中。當時最早開始發生改變的是電腦硬體，這時奔騰 MMX （MultiMedia eXtensions，多媒體擴展）上市，電腦的多媒體處理技術也隨之強化，當時的電腦基本上都會配備 SIM 卡、音效卡、CD-ROM 光碟機，多媒體的電腦紅極一時，接著在 Windows 98 上市之後更是出現了華麗的圖像式使用者介面 （Graphic User Interface，GUI），開始受到關注，為了能更有效率的使用介面，滑鼠也逐漸成為主要的輸入裝置，而為了能配合這些改變後的 UI，電腦通訊也開始有所改變，電腦通訊專用的模擬器更是在此時備受矚目。然而比起電腦通訊，讓我們真正看見偉大新世界的，其實是世界性網路服務（TELNET、、FTP、 GOPHER、IRC、 E-MAIL、 WWW）的登場，網路服務的出現也使得電腦通訊開始式微，當時正好有 Thru Net 的有線寬頻網路（Cable Modem）出現，取代了過去使用數據機並以 SLIP/PPP 方式連上網路的方式，從此網路也變得速度更快且價格更實惠，能夠

24　Hi-Tel、千里眼、Nownuri 都是韓國的 PC 通訊服務，與 UNITEL 為韓國四大 PC 通訊服務。

善支援多媒體和 GUI 的全球資訊網因此就在電腦通訊以後正式成為主要的資通訊平台。在奔騰 MMX、Windows 98、超高速網路等所構成的全球資訊網上用滑鼠來操作 UI，再透過 Netscape 和 Internet Explorer 等瀏覽器展開全新的時代。此時主宰這個時代的企業就是免費提供網路服務，如 hanmail、Café、SayClub、Mini Home、搜尋等網路服務公司。

　　然後世界又再次改變了，從電腦轉向智慧型手機，Windows 變成 iOS 和 Android，超高速網路也變成 Wi-Fi、4G LTE 等無線網路，開啟了數位平台時代。過去以網路為基礎經營的無數網站開始轉變以手機上各種 app 的型態登場，正式邁入不再是滑鼠，反而以使用手指觸控的 UI 時代。不僅如此，除了智慧型手機以外，平板、智慧電視等各種裝置連上網路的 N screen 時代也到來了，成為比過去二十年來更加複雜的匯流時代，科技正在更加快速的進化中，而由科技所創造的資通訊平台也正在快速的改變。

> ### 科技速學 ●
>
> ## Web 王者 Daum 和行動數位支配者 Kakao 的整併
>
> 這兩家企業在二〇一四年合併了，在兩者即將合併前，Daum 的市價總值為三兆韓元，合併以後在原 Kakao 主導下成長的新 Kakao 事業體於二〇二一年六月創下超過六十五兆韓元的市價總值，排在三星電子和 SK Hynix 之後，大舉擠下 Naver，躍上韓國企業市價總值的前三名。而 Kakao 之所以可以達成如此快速的成長，其秘訣其實可以在它於各種產業中以資通訊為本擴大商業版圖的歷程中找到。Kakao 從 KakaoTalk 出發，投入了付費貼圖和其他 IP 版權事業，例如用 Gifticon 禮物券來發展電子商務；以 Kakao T 來推廣行動移動；用 KakaoPay 和 KakaoBank 來發展金融科技 FinTech……Kakao 一路以來便持續不斷在

各種事業領域中挑戰商業模式的革新，光是 Kakao 的子公司就有一百零五家，是韓國國內繼 SK 之後開展最多不同事業體的公司，而像這樣以數位科技為本不斷進行產業革新的企業也都正在主導著整個市場。

我們受智慧型手機影響逐漸喪失的記憶

像這樣只要科技業出現變革，大眾使用電腦和網路的習慣也自然會跟著改變。在過去被電視主宰的時代中，客廳（沒有客廳就是有電視的地方）成為家庭活動的中心場所，而在那之後需要依賴電腦才能使用的網路環境朝我們走來，於是人們又為了使用擺在書桌上的電腦而開始習慣把有書桌的房間當成家庭的中心，此舉澈底改變了整個居住環境。而來到現在，因為我們每個人都有了能在手上操作的智慧型手機，於是開始活在不拘場所的人生中，無論是在床上、椅子上、公車內、地鐵中……隨時隨地都可以，不像過去唯有使用電腦才能連上網路，也不像過去只在有電腦的空間才能見到那個虛擬世界。

然而現在無論我們身處現實世界的什麼地方都能隨時連上虛擬世界，於是在不知不覺中，我們即使人還身在現實世界裡，卻好像只有身體留在現實，精神則都已經全部飄進虛擬世界之中。以前電腦至少不是二十四小時開著的，重新開機有些麻煩，至少要等個三十秒一分鐘才能開機，並且因為必須在有配置電腦的空間才能使用，而有時空限制的考量，想要使用電腦和網路就必須先有克服這些限制的動機。

但手機卻是隨時隨地都能從口袋中被取出，且馬上就能連上網路，就算沒有特別的動機也好，人們變得只要無聊就會拿出手機來看，想當然耳，我們也自然從以前習慣自學校或公司回家就先進房間打開電腦的生活模式，轉

變成現在心思時時刻刻都投入小螢幕，無論是在公車站前或咖啡店、乃至於走在路上……所有人都低著頭專心看著螢幕的景況也早已變成了日常生活的一部分。

當人能夠隨時連上網路取得需要的資訊和服務，且能隨時與人聯繫時，我們也變得能夠節約時間做出有效率的判斷或是隨時取得精確的資訊，人類的大腦皮質擔負的儲存記憶功能也逐漸被雲端取代。智慧型手機讓人在需要時隨時連上雲端，把人類前腦在做必要決策時所需的資訊取出來，於是過去扮演著輸入資訊和記憶如此重要角色的大腦海馬體便漸漸廢棄了許多從現實生活中取得的無數資訊，也不再將其傳遞給大腦皮質了。

現在我們連最熟悉的朋友的電話都只記在手機上，不會再背進我們的大腦中了，也因為所有路線都在地圖 app 上，所以不用特別記住也沒關係；行程安排只需要相信日曆 app 就可以了，至於從工作上和教育訓練中得到的訊息也只要交給 Evernote 就好了，讓大腦好好休息。

如此這般，我們還是能儲存許多事物，卻也不用再壓迫我們的大腦了，但說真的壓力有因此而消失嗎？在這個過度依賴科技，只要手邊沒有智慧型手機，甚至只要停電或是網路有問題連不上的時候就什麼都做不了的現實中，我們是否需要去擔心個人的存在感呢？

過去像傻瓜一樣笨拙的電腦之所以會變得聰明靈巧，其實是靠有系統的分類及分析人類輸入的無數資料來建立資料庫才得以創造出人工智慧，是仰賴數據的收集才得以演變成智慧，而當人類將這個智慧成熟化後，就會以知識和智慧的型態重生。但另一方面，擁有足以設計規劃電腦這般傑出智慧的人類，如今卻對開創人類智慧和文明的數據資訊置之不理，只一味仰賴電腦。儘管我們也許無法完全記得所有在現實世界中透過各種經歷過的情感和資訊所取得的大量數據，但還是可以在努力記取這些數據的過程中，把知識當成內功一樣累積，我總覺得在智慧型手機的影響下，人類似乎也逐漸喪失

積累這些內功的機會。

對那些發呆時光的想念

在智慧型手機普及之前，我不時會看到有人在公車或地鐵上發呆或是看窗外的風景，我自己以前也常常在公車上聽其他人竊竊私語的聲音，或是看著窗外的天空享受著無事的餘裕，在這些悠閒的時光中冥想或發揮想像力，常常會和有趣的想法或玄妙的靈感相遇，但我感覺現在我們人生中的那種餘裕，似乎也因為智慧型手機而消失了。即使是去吃飯、搭電梯、喝杯咖啡等等，每個人都各自專注在自己的手機畫面上，看到這樣的場面，我總覺得好像連對話的機會都被智慧型手機給磨滅了。小學和國中時認真上四十到五十分鐘的課後預留的十分鐘休息時間，是為了讓學生能夠徹底休息，以便待會更有效率度過另一節五十分鐘的必要過程。現在我們應該要想想在這段休息時間中我們是否真的在休息，還是就連在這重要的空檔都還在摧殘我們的大腦與精神和肉體呢？會不會因為智慧型手機而讓各位也失去了生命的餘裕呢？

所以我們需要對數位欲拒還迎一下，雖然不能對數位化敬而遠之，但有時也需要保持一點距離。為了讓大腦充分休息進而能夠做更有創意的思考或保持專注力，我們偶爾也需要養成和數位保持一點空間的習慣。就連幾乎和數位共同生活的我有時也會刻意的稍微遠離數位環境，如此才能投入在只有我自己的思緒上，在這段過程中會更有生產力，也會產生比較多創意的想法，除此之外專注力也會提升，並因此能從事密度更高的工作。所以不妨試試看關上手機，保持一點適當距離吧！

科技速學 ●

和數位保持適當距離的守則

這裡我想和大家分享一下我自己的經驗，關於養成和數位環境保持距離的習慣。

一、 回到家裡之後不要把手機放在客廳或是臥室，把手機放在書房或是書桌上，並遠離它。

二、 絕對不要在用餐、看電視、和人對話時看手機。

三、 不把手機放在床上，也不在床上看手機。

四、 去會議室的時候不帶手機。

五、 設定需要專注在工作上的時間（保持一天兩小時以上），在需要寫文件等工作時把手機設定在勿擾模式，關掉電腦或筆電上的 KakaoTalk、Facebook 等訊息通知。

了解數位科技最好的方法就是實際體驗，並不是基於需要才去學習，而是為了學習才去體驗數位科技，這才是能在瞬息萬變的資訊世界中快速理解數位科技的方法。如果覺得購買最新的數位裝置回家嘗試很困難，那麼去體驗 app 商店新推出的軟體或服務也很足夠。體驗之後，去找看看其他人對這些新體驗有什麼感覺以及怎麼理解也很重要，去判斷我們自己的體會和其他人的覺察有什麼不同，以及在這個過程中去搜尋他人提到的資訊用語和技術，也是非常好的學習法。像這樣一邊學習，如果還另外發現需要更深入理解或學習的內容時，再進一步去找相關書籍或參加專家的座談會來學習也很好。唯有像這樣了解資訊，才有可能在變化的世界中自我成長，並在有計畫之下把自己想做的事情做得更好。

28 RPA工作自動化──用Google文件來做！

　　繁忙的職場和社會生活過得久了就變得難以空出空閒時間，而沒有時間自然也很難騰出空檔投入自我開發或其他學習上，如果一直這麼忙碌的活下去，那麼一生恐怕就得如此庸庸碌碌了。想擁有一些空閒，活得更聰明一點，無論如何都必須懂得製造空檔，讓自己擁有自我省察和學習的時間，而此時為了這個目的取得 RDA（Robotic Desktop Automation，機器人桌面自動化）、RPA（Robotic Process Automation，機器人流程自動化）的幫助也是種方法，RDA 和 RPA 都是工作自動化的工具，RDA 的應用偏向個人層面，而 RPA 則是偏向公司層面。

RDA──讓我擺脫身上的低效率因子吧

　　RDA 是比 RPA 更早出現的概念，代表著個人桌機上的工作自動化，這不是公司層級的工具，而是可以在個人電腦上單獨驅動的軟體；而協助工作自動化的 RPA 則是應以公司整體層級來導入，透過和公司內網，以及內部系統與個人電腦之間的連動來驅動，所以在架設上 RPA 會比 RDA 來得複雜，需要從公司層級做決策及投資相關費用，並且還需要針對 RPA 所做出的工作明細進行設定和開發，而與它相反的 RDA 則可以立即用個人為單位去做判斷及執行。

　　在 Hangul ❷⁵ 或微軟 Word、微軟 Excel 等軟體中都有「巨集」的功能，其中最基礎的巨集就是在文件中找到特定單詞再進行取代的「取代」功能，假設要在不使用這個巨集功能的情況下，從文件中找出二十處寫有「金知賢」這個名字的地方，再將它改為「○○j○○」會需要耗費許多時間，但如果使用這個巨集，則可能不用一秒就處理完了。

　　如果像這樣利用其他更複雜的巨集功能，那原本單純只是重複的工作就能在彈指之間被簡化。舉個例子來說，假設現在要在目前游標的位置後面插入一張帶有預先輸入檔名的圖像檔案，接著再把圖像大小的寬度改成五百，光是做一次這樣的動作就要點滑鼠十幾下，才能選擇插入圖片和調整圖片大小，但如果我們想再文件裡用這樣的方式插入一百張圖片，那就要敲總共一千下的滑鼠，要花的時間也會跟著變多。然而如果我們套入巨集，那就可能按鍵盤快捷鍵一百下就好了，原本要花三十分鐘的事情只需要花一分鐘。

　　電子郵件的軟體也有這樣的巨集功能，Outlook、Gmail 也有郵件規則的功能，只要利用這個規則功能，信箱就會在收到標題含有特定單字或來自特定人士的郵件時，自動將這些郵件移動到特定的郵件資料夾，或是自動轉發給預先指定的人。

　　最近也有更多改善工作效率的軟體協助我們減少不必要的時間浪費，這些軟體在各種不同領域中不斷被推陳出新，如果我們能對這些工具抱持一點好奇心並找來使用看看，相信一定會讓我們的工作變得更有效率。

　　我自己的情況是，如果要和企劃或編輯分享我為雜誌或公司內部期刊撰寫的原稿或書籍手稿，已經不再用電子郵件附件的方式傳送，反而會在 Evernote 上新增一個筆記，再把筆記分享出去。也就是說，我建立了一個筆

25　Hangul 是韓國 Hancom.Inc 所開發銷售的文書處理軟體，在韓國的地位僅次於微軟 Word，目前仍在政府機關和學術單位廣泛被使用，存檔的副檔名為 hwp.，而軟體名稱 Hangul 則是取自「한글」（韓文）之義。

記的分享連結，再把這個連結分享出去，讓人隨時都能用網頁瀏覽器來瀏覽，如此一來，我就不用再隨時確認稿件進行中的詳細內容，再把稿件附在郵件中寄出去了，如果編輯想掌握進度，就可以連上之前分享的連結隨時確認稿件的進展，於是以往冗長的溝通過程便消失了，而這當然也是一種自動化，只是簡化了過去反覆分享檔案的過程。雖然感覺並不是什麼大不了的時間，但把這種零碎時間收集起來，就能為我們創造一點餘裕了。

此外在公司和同事一起協作、共同寫作一份文件和編輯時，也已經可以利用共同文件編輯功能了，不再需要各自開啟一份新的檔案，途中還得不時郵件往返檢視編輯內容。只要使用微軟 365 或是 Google 文件支援的文件共享功能，就能各自連上已經預先上傳到雲端的文件檔案，即使途中有人撰寫或編輯文件，大家都能看到同一份檔案，不用特意往返傳送和核對文件內容，只要在雲端上的這一個共享文件中就能及時確認各自撰寫或修正的結果，簡化了繁冗文件交換的例行工作，可以看作是一種讓人總算得以一起編輯同一份文件的自動化軟體。

最近還能在智慧型手機上下載自動會議記錄 app，它會錄下會議期間討論的內容，並根據這些會議錄音來編寫會議紀錄，人不用再去抄寫會議紀錄，app 就能替我們寫好，幫我們處理了繁瑣的會議紀錄抄寫工作。未來當 AI 秘書再進化時，還能幫我們把會議內容重要的部分摘要出來自動分享給會議與會者，或是自動將會議紀錄轉發給相關部門的負責人。

除此之外，也有像是「記得」（Remember）這樣的手機 app，只要用智慧型手機的相機把名片拍下來，就能幫我們自動輸入名片上的聯絡資訊並加以管理。而「所有簽名」（Modu Sign，모두싸인）這個服務則是透過 app 讓管理合約簽署的流程變得更簡便，像是把合約書寄送給合約對象，待雙方蓋印處理後，雙方各執一份的瑣碎手續等等。此外還有稱為「IFTTT」的服務，IFTTT 是「IF This, Then That」的縮寫，提供了讓人把許多不同的服務

和 app 連動起來自動運作的功能，而其實這個服務還可以透過無窮無盡的排列組合來設計和執行各式各樣的自動化功能，這甚至會讓我有點擔心，如果我隨便舉個特定例子來說明，也許會不小心限制了大家的想像。舉個例子來說，可以設定 IFTTT 在推特或 Instagram 上有人上傳和我們的公司產品或競品有關的推文或照片時，就自動用郵件傳送相關資訊給我和公司內的其他單位，像是產品企劃組組長、行銷組長等人，諸如此類的自動流程都能夠透過 IFTTT 來執行。

如前面所提到的，我們可以發現使用個人所需的軟體或服務來輕鬆即時提升工作自動化的 RDA 流程正在進化中。相較於比較不能配合個人需求調整的 RPA，RDA 則可以讓人根據個人工作性質的不同挑選所需的客製服務來使用，只不過為此一般個人也需要付諸一些努力才行，我們必須親自針對個人的工作內容去找出可以有效消除低效率流程的工具，而這世界上有許多軟體正在等著我們。只要現在就上 Naver 或 Google、App Store 搜尋，想必大家都能找到適合自己需求的 RDA 工具。

辛苦的事就交給 RPA，我們去做更有產值的事！

從公司立場來說，導入 RPA 就能減少組織內不必要的時間浪費，而現有人力就能更專心在有產值的工作上，只是如果真要實踐更多創意性質的成果，最終需要交付給 RPA 的工作就愈多。我們必須不斷竭力尋找目前從事的工作中有哪些只是單純反覆機械化的工作，再盡可能交由 RPA 去處理，為了實現這個目標，我們需要培養兩種工作習慣。

第一種是努力找出有機會由 RPA 改善的事，並發現這其中有哪些可以改善的點。就算某件事已經交付給 RPA 了，也不代表該工作事項就完全被處理妥當，就像今年做的事和前一年做的事相比多多少少會有所改善一樣，

RPA 也同樣需要不斷被改良，但因為 RPA 只會按照已經定義好的事有規律的執行，沒有辦法自己去找出過程中可以再幫助改善的方案，因此就需要人來為它尋找。換句話說，RPA 需要透過人為的指導來修改和補強工作的流程以及其順序和規則，這樣才能有效提高 RPA 的效能。

　　第二種工作習慣是創造出更多的 RPA。把工作交給 RPA 後，多出的時間我們就可以用來處理別的工作事項，而在這些工作事項中也會慢慢出現其他可以交付給 RPA 處理的工作。因為 RPA 解決方案也會有所進化發展，並且逐步升級進化成 AI 這個新階段，所以我們也將會發現有更多的手邊工作可以交給更進化的 RPA 來處理，前一年還不可行的事到今年說不定就可行了，所以需要養成把這些事情找出來再交給 RPA，自己再積極尋找新的工作事項的習慣。

　　像這樣導入 RPA 之後，我們工作的文化也將被改變，甚或是「必須」被改變，不改變的話 RPA 就會取代我們，我們就有可能再也沒有可以做的工作了。此外我們也需要改變獨自一人的工作習慣，調整成與人共同工作的文化。

　　當 PRA 開始代替我們自己發信及處理工作事項時，當然也會使我們自己和其他人的溝通、協作架構出現變化。透過可以幫忙安排會議和會面行程的 RPA，在安排和其他人員之間的會議行程時，即使沒有秘書來幫忙也行，RPA 自己就能確認所有會議與會者的行事曆，自動找出大家的行程空檔安排會議，就這樣在我不知情之下突然跳上我的行事曆的會議就可以透過 RPA 的訊息通知來查閱，而了解會議目的及閱讀參加會議前需要了解的資料或準備會議內容就徹底成為我的工作。為了把會議開得更有產值，我不必再去煩心會議邀請之類的瑣事，只要全心全意專注在會議內容即可，只是為了實現這樣的目的，我就必須在行事曆上標註所有會議行程，以便讓 RPA 能夠自行幫我安排會議，並且為了自動邀請與會者參加會議，我也必須在儲存會議

內容時一併記下會議的目的和參考資料等內容，這樣才能避免與會者在看到突然顯示在行程上的會議時得另外聯繫洽詢，盡量減少這類繁瑣的過程。

　　諸如此類，導入 RPA 這件事不僅改變了我個人的工作模式，連其他人的工作流程也跟著改變了，唯有盡快習慣這樣的流程，才能透過 RPA 的導入來實質提升工作的產值，但為此我們工作的文化也必須有所改變。就像好比說二十年前簽核一件公文時，必須拿著文件卷宗分別找到科長、部長和常務做口頭報告後再當面向各級主管取得簽名才行，但導入了電子簽核系統之後，只要在手機上確認內容就能馬上簽核了，如果這時有人拒絕使用電子簽呈、無法擺脫和以前一樣的簽核方式，那電子簽核系統就不可能發揮作用，這麼一來工具是被導入了沒錯，但我們卻還是只能和以前一樣用低效率的方式工作。

　　RPA 是種工具，想好好活用工具就需要改變組織整體的工作文化，根據更新的工具去調整個人的工作習慣和部門協作與溝通的文化有其必要，唯有這樣，工具才能發揮真正的價值。

　　而在建立工作文化上最重要的事則是積極活用 RPA，在充分利用 RPA 接收寄達的報告和各種成果並活用在工作上時，也應該進一步針對 RPA 的局限和其他問題思索改善方案。如果企業導入 RPA 的過程所發生的種種問題被當成是阻礙，甚至因此拒絕 RPA 的進程而選擇回到過去的作法，那麼企業就沒有進步的可能，因此心態上需要具備率先接受 RPA，在那之後再隨時好好補強的意願，如此才有可能連既有的工作文化都跟著被改變，發揮絕妙兼容性。

　　然而 RPA 雖然可以從公司的層級來導入，但把 RPA 活用在實際工作上並取得成效卻是個人的責任，特別是採用了 RPA 後所省下的時間要怎麼運用就顯得更重要了。如果在 RPA 幫我們節省了時間後，我們卻不能把省下的時間投入在能夠創造附加價值的工作上，那麼最後 RPA 終究不是輔助了

我們，反而是取代了我們。如果打算把 RPA 活用在提升產值的工作上，那就必須先思考在把工作交付給 RPA 後剩餘的時間該怎麼利用，以及應該怎麼利用 RPA 最好。

科技速學

RPA 的出現會讓我們的工作消失嗎？

RPA 的導入有時也會被誤以為是為了取代人力和節省人力支出，這種觀點完全取決於使用 RPA 的個體各自抱持的態度，每個人的態度不同可以讓這個觀點成為事實，或完全變成謊言。RPA 以前是為了取代令人厭煩且重複單調的工作才誕生的，和電腦誕生的理由一樣，是為了減少失誤和提升速度才有了工具的出現，如果不把多虧電腦才省下的時間投入在更有產值的事情上，反而只是盡情玩遊戲，那樣會演變成什麼樣的結果呢？如此一來電腦就反而取代了人，所以電腦幫忙把事情處理完後剩下的時間，應該被用在創造更大的附加價值上，這樣才能證明我們的存在價值。

尤其是在 RPA 之後還有 AI 將會代替人執行更多的事，為了和 AI 有所區別，我們就必須做到機器做不到的事，那些事會是什麼呢？

機器也許可以把事情處理得很好，但卻沒辦法去創造全新的事物，RPA 雖然能夠精確的解決已經定義的事情，但卻無法自行定義問題。關於「什麼事可以用 RPA 來處理」、「要去探討什麼樣的課題」、「要思索看看什麼樣的事」等各種對新工作的選擇，是只有人類才能做到的固有領域。

換句話說，即便把人的工作交付給 RPA，或者交給以後的 AI，我們都不會沒有工作做，反而能去挑戰更高難度的事，像是思考應該讓 RPA

去取代什麼新的工作、應該探討什麼樣的課題……這些都會變成能夠創造更多附加價值的事。

數據也需要瘦身

我們每天的日常生活中有意無意被製造出來的數據訊息不知道有多少。

從早上起來打開智慧型手機的瞬間，甚至是連我們進入夢鄉的時間，手機都還連著 LTE、5G 網路，將手機的所在位置或是傳送給我的 Facebook、KakaoTalk 通知、郵件等訊息儲存在雲端上。打從我們一早解開手機螢幕鎖開始滑 Naver App 看天氣、搜尋、上電商網站確認訂單宅配進度、在 Instagram 上點讚、確認信箱郵件等等，這些過程裡的所有數據都被一一儲存了下來。因為我們一天會看手機數十次，每次看手機的過程中所累積的資訊量日積月累下來想必很可觀。如果平常很熱衷於 YouTube、Netflix、Melon 等串流平台就會發現，為了讓人播放影片或音樂時不停頓，電腦和手機裡都會先預存下一些數據；而瀏覽過網頁後，網路瀏覽器就會將我們可能連仔細看都沒有的圖像或文字等 HTML 數據連同網址一起儲存下來；其他像是連哪個手機 app 消耗了最多電力、我們什麼時候用了什麼 app、用了多久、當時電池消耗了多少……種種數據都會為了電池的優化而被記錄下來。如此這般，每天都有海量的數據在我們完全沒有意識的狀態下被蒐集起來。

其他還有一些我們知道的數據也被儲存了，像是用手機拍下的餐點照片和孩子的影片、壯麗的景色和旅行照片、參加會議和座談會拍下的白板畫面及各種產品照片等，這些全都被存在手機中，一旦連上雲端後，手機上的數據資料又會原封不動被備份到雲端上。我們訂閱的 Podcast 節目被存了下來，KakaoTalk 上傳來傳去的照片影片還有訊息等相關數據也被儲存了下

來。如果使用 Google Photo、iCloud、Amazon Cloud、Dropbox 等各種雲端 app，那各個雲端也一樣會將上述那些數據資料給備份下來。另外我們為了處理公司業務或撰寫學校報告書而下載的 PDF 和還在編寫中的 PowerPoint 檔案和其他文件，也全都被存進了我們的電腦、手機和平板上。

除此之外，還有在日常生活中及社會活動上被儲存下來的共享數據，像是馬路上和公司等場所裝設的監視器只要連上雲端，所有場景都會被以影像形式記錄下來。其他還有像是工廠中各項流程的器械所產生的數據，以及公司在經營業務活動時日積月累下來的資訊等等，諸如此類的，大量數據正在數位世界中被我們不斷製造出來，但這樣產出的數據資料們沒有像垃圾一樣被分類回收，反而一直不斷往我們的終端裝置和雲端上累積，人們打著「資訊就是未來世界的石油」這樣的美名，使得幾乎所有數據資訊都盡量被保存了下來，不被刪除。

光是我們的電腦就不知道保管了多少的數據資料了，如果再加上連上雲端後這些資訊又會完整地被同步到平板、筆電和手機上，那有時甚至會有三四份一模一樣的資料被保存下來。這些堆積下來的數據資料保存期限是到什麼時候呢？其實就連那些一年都不見得重看一次的資料，都會因為我們懷著總有一天會用到的徒然期望，而繼續被留下來占據記憶體的某個角落。究竟必須花多少錢才能繼續保留這些占用資源的數據？此外，如果還想要繼續多存下這類數據資料，我們又需要負擔多少費用呢？

從二〇二一年六月起，Google 就開始針對 Google Photo 這個照片雲端服務收費。二〇一五年五月開始免費提供服務的 Google Photo 是在全世界擁有超過十億用戶的照片雲端服務，然而因為實在沒辦法繼續支援儲存排山倒海的照片和影片，所以 Google 採取免費提供至多十五 GB 的儲存空間，如果用戶需要使用更多，就必須註冊加入 Google One，以每月兩千二百韓元（約合台幣五十二元）的金額使用一百 GB 以內的儲存空間。Google Photo 的使

用者有八成正在使用十五 GB 以下的方案，雖然還不需要馬上支出任何費用，但試想在我們手機上占據數十 GB 容量的照片和影片如果以後也一直自動連上雲端同步資料，那可能在一兩年內就必須付費使用雲端空間，或是應該要刪除不必要的檔案了。

如上述所說，儲存和保留數據資料是免不了要付出一點成本，就像我們每天清出一些垃圾一樣，在數位世界也需要養成隨時清除不必要資訊的習慣。在現今這樣的大數據時代中，也講求個人運用智慧來高效管理數據資料，過多的數據資料不必要的占據了硬碟和雲端的資源，成為社會的浪費，也可能因為過多的數據資料而讓人在尋找真正需要的資料時相當費勁。就讓我們果斷退出那些沒有在使用的雲端服務吧，在自己使用的電腦、筆電、平板和手機上儲存的數據資料如果超過一年都沒使用，那就先把它們儲存在沒有和雲端同步的電腦硬碟上，如果再過兩三年都沒有回頭來看，那就大膽的把它們都刪除吧！三年內都沒有找來看的東西恐怕再過三年也多半不會再找了，而像這樣執行「數據減重」的過程也給了人一個新的契機和餘裕去回頭檢視那些被保存下來的資料，再次思考各個數據資料的重要性和必要性。

當然不只是個人，從企業和社會角度也是時候去了解「數據減重」，嘗試去找出高效率的數據管理方案了。

在變化無常的資通訊產業中，個人和企業所需抱持的觀念始終是保持學習的態度，換句話說，就是始終保持在清醒且開放的狀態，必須擺脫過去傳統的企業管理固有觀念，並且總是隨時能嘗試嶄新的革新科技。為此就必須去理解所謂的資通訊，並能將其運用在個人的工作上或企業中，並更往上一步將其運用在我們的商務中，用它來推動新業務的發展。有鑑於此，創造時間空檔就很重要，把繁雜的事情先一拋腦後，給自己多一點空閒

時間，同時組織裡也需要具備能夠想出學習與創新點子的人，而在這段過程中，也不妨優先採用 RDA、RPA 當成工具，如此一來，大家就能在自然用著軟體的過程中，一面體驗到資通訊世界，並以其為基礎改善工作效率，得到更多空閒時間。

29 該怎麼透過科技關鍵技術擴展職涯？

　　據說傑出的木匠不會依賴自己的工具。但大多數的木匠都會用他們的工具來發揮光芒。科技就是那萬能的工具、萬能的刀，根據使用該工具的方法不同，我們自己的能力也可能跟著往上提升。然而終究工具還是工具，工具雖然可以讓我在原本能力只有五十分的情況下把成果拉升到一百分，但如果沒有實力，實力是零，那終究也不可能讓成果變成一百。所以一面好好使用道具來提升成果的同時也應該精進自己的能力，好讓最終成果超越一百，換句話說，不應該只想著提高成效而已，更應該同步累積自己的能力，工具不該只用於換取成效這個目的，而應作為提高個人技能和學習的機會。

利用科技關鍵技術創造各種職業的數位轉型

　　其實不瞞大家說，筆者自己就是個因科技受惠，親身嘗試過許多不同職涯的見證人。我在一九九〇年上大學時雖然主修的是材料工程系，但那時我對學業是馬馬虎虎，反而深陷在對電腦的熱愛之中。當時我沈迷電腦遊戲，經常把數不盡的遊戲軟體下載來玩之後再刪掉或拿去備份，不停反覆這樣的過程，為了打遊戲我還自己組裝電腦、幫電腦升級，另外加裝了額外的音效卡、記憶體和硬碟等等，時常自己反覆拆換 CPU 和主機板。

　　就這樣我沈迷在電腦裡兩年的時間，期間糊里糊塗用著電腦之餘，也開始對電腦的運作原理和相關技術愈來愈熟悉，同時間和我一起沈迷電腦遊戲的好友們多半都只是陷入遊戲本身而已，但筆者卻是對電腦整體的運作原理和科技深深著迷，甚至會特意下載安裝不同種類的遊戲和軟體來使用，體會

不同的使用經驗，這點和同儕有所不同。

　　另外一點是我還會透過 Hi-Tel、千里眼、Nownuri 等電腦通訊網站，將自己學到和體驗到的電腦相關知識與其他人分享，在參與電腦及網路同好會的活動時，也會把一段時間中我學到的電腦相關知識用文字寫下來公開發表，在整理這些文字的過程中，我又累積了更多智慧，而這些也成了讓我開始執筆撰寫電腦相關書籍的契機。在寫書的過程中，我又出版了更多不同種類的書，也在這些過程中繼續累積更多領域中和電腦有關的知識。

　　此後我也透過寫書出版活動的因緣開始了課程講座，也因為寫書和演講讓我有幸被多加訓練寫文章和說話的技巧，於是在二〇〇〇年，我加入了一家科技相關的新創公司，開始做相關領域的工作。當時我的工作是為一個提供電腦和網路資訊相關的內容網站做內容企劃，這也是我出社會後的第一份工作，也因為從數年前開始我就不斷進行相關主題的著書活動和演講，藉此累積了不少相關知識，因此公司的工作也都做得很順利。

　　在職場生活中我盡可能保持有效率的工作，和同事一起編寫和分享文件、乃至於開會時也一樣，都會在公司的工作上使用最新的裝置和軟體，也因此工作良率有所提升，自然而然就順著趨勢學到了最新技術，這些科技關鍵技術對我在公司裡的工作也帶來實際上的幫助。隨著二〇〇〇年代來臨，媒體、經銷、內容等產業都開始數位化，而二〇一〇年則有交通、金融、外送等各式各樣的產業領域出現，也就是所謂的「數位轉型」。順應這種社會現狀，我也獲得了更多機會去了解相關科技，以及公司工作和行業的知識，這都是基於此時的我已經能憑藉著自己對科技和業務方面的經驗和知識得出想法或思路，去探討如何在相關行業或商務領域中使用數位科技實現商業革新。

　　簡而言之，正是由於我對資通訊趨勢和科技的廣泛了解，才得以用作家、講師、科技新創企業規劃師、大企業的數位轉型策略管理師以及研究者

等身分來拓展更多不同的活動領域。

以數位為武器擔起新事業的金科長

　　在電信公司擔任商品企劃工作十年多，有著豐富經驗的金科長早在二十年前就對資通訊有著與眾不同的興趣，他會把任何市面上新出的科技相關書籍一本也不漏的全部看過，也從不缺席每年和科技相關的講座，他為了不對最新趨勢失去手感而付出了許多努力，尤其是他還會參加類似「特雷維里」（Trevari）[26] 的讀書會，為了習得各式各樣的資訊而努力，總是不忘參加任何關於數位科技的相關聚會。儘管這些領域都和他在電信公司的工作內容沒有直接相關，但基於平常對數位科技所帶來的產業變化充滿著過人的興趣，金科長還是持續不斷參加這些活動。

　　金科長的機會大概是在二〇一五年到來的，二〇一五年電信業的商業轉型如火如荼的展開，由於市場預期未來電信業如果像以往一樣用電話費當成主要商業模式，則恐怕難以持續追求成長，於是電信業者開始呼籲「擺脫通訊」[27]，不是為了追求成長，而是為了生存而需要革新。實際上當時因為有 KakaoTalk 的訊息服務和 Facetime 等網路電話、視訊功能出現，使得 SMS、電話費的業績持續暴跌，電信業者因此需要專注在發掘新的獲利模式，為此

26　特雷維里是由同名新創公司運營的社群平台，在這個平台上，讀者可以付費選擇加入想要的讀書會，實際參與讀書會並留下讀後感。因為讀者可自行從社群介面上的介紹判斷及挑選適合的讀書會參與，藉此認識同質性較高的同好，因此特雷維里也作為一個新興的交流管道興起熱潮。「特雷維里」這個平台名稱起源於特雷維里有著「喜歡沒有理由就反對他人意見的人」的意思，創辦人認為現代人表達自己的意見更為重要，故以此為名。

27　「擺脫通訊」最早是在二〇一〇年由韓國電信三大巨頭 KT、SK Telecom、LG Telecom 所提出的新概念，強調要擺脫以往競爭電信用戶的心態，轉往發展綜合資訊電信服務的新事業，二〇一〇年因此也被稱為「擺脫通訊元年」。「擺脫通訊」這個概念並不代表要脫離傳統電信市場，而是以電信業為基礎邁向多元領域和不同的平台。

電信公司內部開始了數位轉型，也從公司內部尋找具有資訊相關知識和經驗的人力，此時金科長過去付出的努力就得以發光發熱了。

　　當時要為公司補血，從公司外部找到一個一方面非常了解電信產業，但同時又能以資訊知識進行事業改革、訂定策略及企劃工作的人才是件非常不容易的事，徵才的時間一拖長對電信公司來說會變成很大的壓力，再加上對電信業既有商業模式和文化有著深厚理解的外部人才相較之下比較稀有，如果草率雇用一個資訊領域的專家，也會擔心對方對電信業沒有足夠的理解，使得公司反而付出昂貴的代價，所以電信公司也不得不對徵選人才更加謹慎。這時已經在電信業工作超過十年，對電信產業有高度理解的金科長卻剛好非常清楚電信業的局限、固有觀念和組織文化，加上平時對資訊專業知識的熟悉程度高，他身邊的人就能充分提出他是這個新領域最佳適任者的評論。

　　於是金科長便藉著平常因為感興趣而進修學習的資訊知識，一夜之間搖身一變成為推動公司新成長動能的新事業戰略部專案組長，而像他這樣因為對資訊知識有過人的興趣和準備，最後得以扛下公司數位轉型、網路事業等大梁的職場人還有很多，不只是媒體、流通和金融產業，連建設、製造、化學等各種產業也都需要這些具有資訊知識和專業的人力資源。

科技速學

協定商務（protocol business）

二〇一五年，當以區塊鏈技術創造的加密貨幣突然成為燙手山芋時，一位在金融業工作的熟人問了我關於比特幣的事，他很好奇比特幣以後會不會對銀行和發卡公司帶來危機，所以才諮詢具有資訊專業知識的我。我當下只回了他：「先去買個一百萬韓元的比特幣（約台幣兩

萬三千元）來看看吧，喔不，你先買個十萬（約台幣兩千三百元）的也可以，然後再買些區塊鏈相關的書看一下，或者去參加一些座談聽聽看，之後我們再一起討論吧。」隔了三個月他突然約我吃晚飯，問了我許多相當深入的問題，像是什麼可以被記錄在分散式帳本上？建立在區塊鏈上的金融服務會不會成為監管的對象？比特幣和以太幣有什麼區別？還有區塊鏈架構下的協定商務和以往的平台商務有什麼不同？如此這般，他問了非常多具體且尖銳的問題，我們足足討論了一整晚，那時如此沈浸在區塊鏈的他突然從原本工作的銀行得到了一個千載難逢的機會，那個機會就像一直在等著他一樣。在 KakaoBank、KakaoPay、Naver Pay、電子錢包 Toss 等金融科技企業和去中心化金融貨幣等科技所帶來的金融革新全面發展的二〇一八年，傳統金融機關為了因應這些新興金融產品的競爭及數位轉型，也開始積極對外挖角及對內栽培人才，當然這時候機會就在至少能夠說得上一句的他眼前打開了。

三十多歲時開啟人生第二幕的姜代理

在中堅企業充滿熱情的工作了四年累積不少經驗的姜代理，在公司裡是一個總是比任何人都更快接觸最新科技裝置和軟體的嘗鮮者，他樂於在公司內宣傳許多方便使用的工作工具，對他來說，最快樂的時光就是試用最新3C產品或軟體的時候，而他也在進職場前一面求職、一面順著自己的興趣開始寫部落格。在他的部落格裡有許多他親自使用產品和軟體的心得，日積月累也算是獲得了不少人氣，後來因為他持續不斷更新部落格，還因此被選為活躍部落格作家，品牌業主會開始寄送免費的產品讓他試用寫心得，雖然

不能說因此大賺一筆，但也是賺了不少零用錢。

　　之後隨著部落格漸漸失去人氣，姜代理也開始轉戰 YouTube。因為這和以前的部落格不同，還必須另外拍片剪輯上傳，額外花的時間不知道有多少，但基於這是他平常喜歡的事，所以他還是毫不厭倦的繼續拍片上傳，如此一來上傳的影片就愈來愈多，也開始出現固定觀看的訂閱觀眾，當一些影片的點閱率超過十萬次以上時，就開始有新機會找上他來了——那就是直接轉行成為專職 YouTuber。雖然離開相對穩定的職場自立門戶要擔心的也不少，但因為在 YouTube 上賺到的廣告收益和業配合作的費用時不時也會超過月薪，所以他開始確信正式轉行專心投入的話，很快收入就會比月薪更高了。

　　此外他心中也出現了這樣的想法：就算繼續在目前的職場工作五年以上也無法保證可以在同間公司繼續工作一輩子，就算真能如此，再過十年、二十年也不能保證自己會變成年薪千萬的高階經理人。相較之下，成為 YouTuber 後的事業可能有起有落，但至少現在透過努力所獲得的名聲、知識和能力都將成為自己的競爭優勢，未來無論做什麼，做過 YouTuber 這件事都會對他的社會生活有所幫助，於是他就在想轉行做自由業者的念頭下毅然決然辭去工作。

　　對做了這個決定的姜代理來說，離開職場藩籬後的社會生活是不穩定的延續。之前他以為不用再每天去上班就會重獲自由，但首當其衝的問題還是每個月的收入變得不穩定，也失去了過去在公司內小到辦公室空間及各種工作上所需的設備和辦公用品，大到依照公司制度和職務分工提供支援的工作體系，每項工作都必須自己搞清楚怎麼處理才行。然而在和不同的企業建立合夥關係後沒有多想就開始展開過去沒做過的工作時，他也每天都累積了新的工作經驗。而除了 YouTube 之外，他還活用了 Facebook、抖音、Clubhouse、Instagram 等各種管道，不只是分享電子產品，連平常自己喜歡

的運動鞋心得都一起刊登了，順勢藉此拓展各個領域的活動範圍。因為姜代理從大學時就對資通訊展現獨特的關心，包含拍攝裝備、後期影片編輯的軟體也都有所涉獵，沒花多少大錢在拍攝、剪輯上，並能用影片和照片為內容加以包裝，產值也很高⋯⋯姜代理於是就這樣多虧了資通訊的興起而得以經營一人企業，並繼續擴充自己的能耐。

科技速學 ◯

創作者經濟是什麼？

創作者經濟（Creator Economy）指的是一個生態系，其中主宰這個生態系經濟活動的主要參與者是生產各種類型內容的創作者。已經在部落格、YouTube 及 Instagram 上被稱為網紅的他們各自獨立生產內容素材而深受矚目，並利用廣告和販賣產品等多元的商業模式賺取收益，他們也會秉持著自己對特定領域的專業和人氣活躍在不同頻道上，而網紅所跨足的領域也不僅限於專業寫作或常識、政治及個人興趣等等，甚至還包含音樂、漫畫、藝術作品鑑賞等各式各樣的領域。不僅如此，現在還有訂閱經濟和 NFT 等新興商業模式和科技正在推陳出新，因為可以利用這些不同於往昔的新科技來行銷和販賣創作物，所以創作者經濟的規模和領域勢必會更加擴張茁壯。

在數位社會中，數位科技已然成為了常識，就像小學課程裡有國語、數學和英文等基本技能一樣，數位化在今天的社會生活中已經等同於基礎學識，在職場上如果不會用電子簽呈或 E-mail、網路搜尋和編輯 Office 文件，那幾乎等於不會做事。現在的人如果沒有「數位識讀能力」（digital literacy），那工作能力就只有落後而已。數位識讀的基本內容是因為每年都會有新的技術和工作協作工具登場或變更，因此應該為此具備高度的解讀和理解能力，透過這些新科技和軟體來培養以下資通訊識讀相關的素養吧！例如：AI 人工智慧、RPA、數位轉型、平台商務、共享經濟、訂閱經濟、代幣經濟、NFT、 元 宇 宙、Google Docs/Office 365、Slack/JANDI、Dropbox/Google Drive/One Drive、Evernote/One Note 等等，我們都有必要對這些概念具備基本的理解。

30 為銀髮族帶來幸福的資訊時代來臨！

　　數位科技是以提升社會價值及讓個人日常變得更便利的目標而一路發展至今，科技不應只在專家使用時才發揮作用，在社會弱勢者使用時更需要凸顯其真正的價值，也就是說，唯有當社會弱勢者能因數位科技獲得生活上的便利和幸福時，數位科技才會更有價值。從這個角度來看，目前雖說二十到三十歲的人，甚至十幾歲的青少年都很熟悉數位科技，但對中老年人來說，科技不怎麼方便使用也是事實，對長輩來說，AI、雲端、區塊鏈這些都絕對不是能夠輕易接受的新技術，愈是尖端的數位科技就應該要讓長輩更能方便使用才是，但什麼才是能夠幫助長輩們的資通訊技術呢？他們又應該如何理解這些新技術進而去使用呢？

高齡層的數位技術體驗

　　三年前我送智慧音響給七十多歲的母親，雖然她不太會用電腦，但會使用智慧型手機上的 KakaoTalk、地圖、搜尋、播音樂和看電視等功能，過了一段時間之後，她開始向我反映手機的畫面太小，很難打字，上面的字體也很小，愈來愈難點選她想要的清單，所以我就買了智慧音響給她當禮物，現在對老母親來說，音響幾乎就是孝子產品了。她可以隨時像平常說話一樣問音響今天的天氣，也可以聽新聞和播音樂。「阿里呀（아리아）❷❽！播六〇年代的歌謠！」「阿里呀！告訴我今天的天氣」「阿里呀，打電話給我兒

28　阿里呀（아리아）是喚醒 SK Telecom 人工智慧音響 NUGU（誰）的詞語。

子」，像這樣她可以用聲音就能做到之前在智慧型手機上做的事，我的高齡老母親也因此透過智慧音響認識了 AI 技術，切身體會到了這樣的技術能為我們的生活帶來多少便利。

所以最近我又幫她裝了有搭載 Google Nest Hub 螢幕的智慧音響，她把 Google Nest Hub 放在餐桌上，說比手機還常使用，還會跟身邊的朋友推薦，用 Nest Hub，她還能看到孫子孫女和家人的照片，也不必再用 KakaoTalk 把照片傳給她了，用我手機拍的照片中包含家族的照片就能自動和母親家的 Nest Hub 共享。

此外還能利用 Nest Hub 連接到我家桌上的 Nest 進行雙方通話，像這樣我們可以經常輕鬆且長時間的通話問安，母親就像這樣透過最尖端的技術使用著物聯網裝置和雲端服務。

母親最近甚至也開始使用 Market Kurly，澈底迷上了清晨就有生鮮食品送到家的便利。之前去附近市場買菜要提很重的東西回家對她來說已經很麻煩，再加上肺炎疫情的影響，她開始有點害怕出門，自從知道 Market Kurly 以後，就過著非常方便的日子，也因此慢慢開始用宅配的民族之類的外送服務，像這樣開始使用的手機 app 也愈來愈多，我在想如果有天和她介紹世界上有自動駕駛的車子和洗棉被訂閱服務、元宇宙等新知，她不知道該有多驚訝呢，想必也會覺得這些很方便吧，就像這樣，新技術其實反而為許多長輩創造了更好的日常生活呢！

科技速學 ⬤

適切科技為人類帶來的幸福

適切科技指的是為了特定共同體的幸福而創造出來的科技，它因為使用了較少的資源所以更容易維護，對環境污染所帶來的影響也更小，

因此適切科技主要被利用在發展中國家或工業化邊緣地區及階層的開發上。XO 筆電是一款為了幫助阿富汗和非洲等第三世界國家的兒童用來學習打造的電腦，堅固便宜又低耗能；「河馬滾水筒」（Hippo Roller Water Project）則是一種工具，可以減輕從非洲偏遠村莊搬運飲用水的困難，以往許多婦女和兒童必須把水背在頭和肩上來搬運，但多虧了河馬滾水筒的出現，他們就能直接從水筒後方推動水筒滾輪輕鬆移動，這類的科技就是所謂的適切科技。

人生第二春——在數位場域中工作

最近在 YouTube 上活躍的長輩們意外的滿多的，其中也有不少人成為很紅的 YouTuber。而他們獲得人氣的秘訣就在於生命年輪中自然流露出的深厚人生經驗，以及和緩平穩的語調和毫無矯飾的坦率風格。已經有不少前輩開始在數位社會中展開經濟活動了，還有更多原本從事農林漁牧的人轉戰網路商城開店，直接在上面販賣產品。因為原本以線下為主的銷售模式還是有其局限，於是大家就到網路商城上開店或自己架設網站經營購物平台。最近就連線下的餐廳都受到肺炎的影響來客數大減，如果不到宅配的民族或 Coupon Eats 等外送平台開店提供外送服務，就幾乎難以生存下去，所以對許多已經從線下生意退場的中壯年、高齡層而言，電子商務就是開啟人生第二幕時最需要的商業工具。

然而想在數位場域中工作不是只有到線上商城開店就可以了，還要具備連上網路確認訂單清單、管理營業額和收益明細，以及自動印出配送地址等的電腦和網路基本知識。另外也不是只做到開店和管理就結束了，還需要行銷，要投入和線下廣告不同的網路行銷、數位行銷才行，為此就還需要了解

與網路行銷有關的基本作用原理以及其特徵和執行方法。在懵懵懂懂狀態下隨意開始數位行銷，也很可能落得白花錢卻沒有效果的下場，換句話說，了解數位是為了投入經濟活動，而不只是為了追求日常生活的便利。

　　與年輕一代相比，上了年紀的長輩有更多經驗和生活的餘裕，因此也有著能夠持續挑戰不懈的優點，相較之下，反而也有對數位相關技術比較消極且理解程度較低的短處。數位科技比起另外上課學習，其實從經驗中習得的效果會更加顯著，尤其是在展開人生第二幕挑戰新的經濟活動時，線下工作的職場對長輩的體力和經濟成本都會是負擔，與之相反的，線上的工作卻不受時間和空間的限制，可以擺脫身體的限制自由活動，在那之中也許就能找到以往在線下難以實現夢想的商機，為此無論是網站和 app 都要努力去嘗試，因為唯有先體驗才能真正學習。多去下載年輕人會用的 app 來用看看吧，不會，就問一下孩子們來學習，再把學到的經驗和親朋好友介紹和分享，在教學的過程中又能累積更深的理解和知識。像這樣在體驗許多網路服務和學習的過程中，我們能夠累積更多啟發，而從中帶來的成果又能讓我們發想更多有望發展人生第二春的商機和靈感。

科技速學

數位化之前，才能和意志更重要

數位化只是錦上添花，真正重要的是個人的才能和意願，在數位化進程中找到新商機的並不是科技本身，而是體驗了科技的人透過自身所擁有的經驗和知識才發想出了新商機，而數位科技只是在人執行這些新靈感的過程中，協助用更快速簡便且便宜的方式推動了整個過程罷了，實際促成成果的還是靠自己所擁有的才能和意願。

讓未來的高齡生活更便利的科技

　　SK電信自二○二○年開始便利用旗下的NUGU（誰）這個智慧型音響為獨居老人提供人工智慧照護服務，也算是用AI人工智慧科技來打造一種社會安全網。SK電信與專業護理機構和社會企業合作，以因為失智症或其他老人慢性疾病導致日常生活出現自理困難的長照津貼受益長者為對象，為他們安裝人工智慧音響，提供一對一客製化的照護服務。人工智慧音響會透過分析在家中的長者所發出的噪音和話語聲等來監控長者的即時狀態，另外也能透過呼叫音響的方式即時撥打一一九急救專線，或是透過諮商和對話的方式來觀測長者的心理狀態，也提供失智預防服務等等，以高齡長輩的健康為目的處處活用人工智慧。

　　數位健康保健領域也有許多針對健康管理的相關科技研究，這些新科技將有助於讓我們的老年更加自在幸福，這時主要使用的技術是物聯網。像是利用裝設在門、水龍頭、便座上的感應器來觀測家裡的老人在家中活動的動向，及檢測身體的健康狀態再定期回報給醫院和福利團體，這就是一種觀測健康異常和問題並加以管理的方式。換句話說，以後不是直到身體察覺不舒服時才去醫院，而是平常就蒐集了身體健康相關的資訊，再用這些資訊進行健康管理，盡量減少要去醫院報到的狀況。

　　和電腦相比，智慧型手機為長者提供了一個使用網路服務更簡便且能從最新科技中受惠的機會。AI、物聯網、元宇宙在建立更方便的日常生活上都助了一臂之力，而元宇宙更將成為一種媒介，為孤獨的日常生活帶來一絲幸福。在元宇宙中人們將能擺脫物理的局限在世界各地旅行，與他人見面對話，並且更能夠方便的使用各種網路服務，由於在元宇宙中，無論是使用網路或是電腦都比以往用電腦和智慧型手機要來得方便，一開始雖然會因為暈眩等問題而不太舒服，但當技術發展得更成熟時，在元宇宙中使用網路這件

事勢必會變得更快更便利。

　　資通訊技術的發展已經對我們的社會和產業整體帶來了普遍性的影響，社會各處和所有企業都因此順其自然地開始逐步導入數位技術發展革新。但數位的不平等也在各世代中出現，社會上有對數位科技了解得十分透澈幾乎可以說是活在數位裡的十幾歲青少年；也有依據需要挑選數位技術來使用的二、三十歲青壯年；以及只在不得已的狀況下，非常偶爾才會使用數位科技的四五十歲中壯年……每個世代對數位技術的認知也有層次上的落差，更別說六十歲以上的長輩幾乎已經是和數位技術存在於平行世界的狀態。現在是時候讓數位科技超越世代界線的藩籬了，「數位不平等」也可以說是造成世代矛盾的主要原因之一，要如何才能讓六十歲以上的長輩理解在數位中長大的二十代人和用數位技術工作的四十代人呢？現在即使是高齡長輩也應該普遍使用資通訊技術，積極進入數位世界了。

---

31 我們的孩子應該怎麼學習科技呢？

目前的世代可以大致上分為在數位科技發展之前的一代、在數位科技發展中出生的一代和在那之後出生的一代。數位科技正式開始普及的時間點約是在一九九五年，在數位科技發展前出生的一代便是在一九九五年以前出生的 386 世代、X 世代等群體，年紀都在三十歲以上；而在數位正要普及的時候出生，出生後就看著爸媽使用電腦長大的一九九五年至二〇一〇年誕生的世代稱為 Z 世代，目前約是十幾至二十幾歲；最後就是數位普及之後誕生的世代，他們不只是看著父母使用，而是打從一開始就從幼兒時期接觸智慧型手機、平板、智慧音響等 AI 技術，是十歲以下的世代。然而在數位普及之前出生的三十世代正在教養著一出生就含著數位的世代，要教孩子連自己都不太懂的數位科技想必不是件簡單的事，應該如何去填補這個空白好好教孩子呢？

看到多少取決於你知道多少

學習技術最好的方式就是親身體驗，像是學騎腳踏車和開車一樣，比起打開書來看或是聽演講，直接去體驗才學得快。另外在騎腳踏車的時候，也沒有必要事先了解腳踏車的運作原理和關於單車最新的技術，只要理解腳踏車要怎麼騎、什麼時候騎、騎的時候需要注意什麼就好，能學到多少就取決於我知道多少。如果想了解區塊鏈相關科技的特性，那就到加密貨幣交易所開個錢包（加密貨幣的帳戶）來使用看看，透過嘗試使用 Daap（以區塊鏈架構打造的 app）來得知區塊鏈有什麼特徵也是很好的方法。

　　雖然有人可能會說無論是網路或是行動手機已經很普遍了，每個人都在使用，為什麼還要再多體驗呢？但如果是毫無想法的使用這些服務就稱不上學習，為了學習，就必須去分析和判斷這些服務作用的原理，關於現代科技首先只需要了解以下七項就行了。

　　A：AI 人工智慧

　　B：Blockchain 區塊鏈

　　C：Cloud 雲端

　　D：Data 數據資料

　　E：Edge Computing 邊緣運算

　　F：5G

　　I：IoT 物聯網

　　其中人工智慧可以直接透過使用智慧型手機上的 Siri 或 Google 行動助理，以及 Google Home 或 SK 電信的 NUGU 等智慧音響產品來體驗；區塊鏈可以透過加密貨幣交易所或以區塊鏈技術驅動的 Kakao KLAY 等服務；雲端服務則有 Melon、Netflix 等串流服務和大部分的手機 app，因為這些多半都仰賴雲端形式運作，可以透過使用串流服務和手機 app 來體驗；5G 可以透過支援 5G 的智慧型手機加入 5G 方案來辨識和 LTE 有什麼不同；物聯網則可以透過能連上網路的冰箱、洗衣機、相機等產品來體驗……整體來說，只有數據資料和邊緣運算等技術因為主要在企業中使用而比較難親自嘗試。在透過這些方式親身體驗這些科技的同時，還可以進一步去閱讀介紹這些科技原理或特徵的書或新聞、網路資料來學習，這樣理解的速度和深度都會有所提升。

　　科技永遠都會不斷進化，自動駕駛和行動裝置、AI 和無人機以及元宇宙等科技已經為我們的日常生活和社會帶來了改變，我們不能因為這些科技和我們現在所做的工作無關、也不會馬上對生活造成影響就直接無視，最終

這些科技仍會像是毛毛細雨淋濕衣服一樣滲透我們的生活，我們終究會有一天因為不了解這些科技而無法生存，如果早前就好好理解這些科技並做好了適當的因應，那麼就能從中獲得更大的便利和利益。

我們自己要先了解基本的科技特性才能教導孩子，並一起學習不懂的事物以找到方向，光是了解主要科技的特徵和原理就能學習得更深入，也能學習得更快。

擺脫固有觀念一同學習

孩子如果一直沈迷遊戲、一直看 YouTube 我們會很擔心，但如果孩子是沈迷在閱讀之中或是認真運動就不太介意了，為什麼呢？

其實太認真看書也是問題，運動過度也是問題，但讀書或運動過度時我們卻比較不擔心，原因是父母這個世代對讀書和運動的理解比小孩來得更深所造成，相反的，也因為父母對數位生活不太理解，所以也不曾仔細看過孩子看的 YouTube、玩的遊戲是什麼，只是把擔憂和焦慮擺在前面而已。

喜歡玩遊戲的孩子在玩遊戲的時候經常使用的訊息軟體是 Discord，用 Discord 可以看到設為好友的人正在玩什麼遊戲，還可以在玩遊戲的過程中使用閒聊和語音通話功能，即使沒有玩遊戲的時候，也可以和喜歡特定遊戲的人一起分享遊戲相關資訊，基本上是和父母都在用的 KakaoTalk 完全不一樣的服務。另外孩子們也愛用抖音或 Snapchat、Roblox 等等，如果連這些都不知道，那就實在沒辦法對孩子說什麼不好。

如果實在很擔心沈迷 YouTube 的孩子，那就在和他們一起觀看的過程中透過對話的方式，培養他們不去看 YouTube 所推薦的影片，而是養成自己尋找影片的習慣，在看 YouTube 的時候也不要把十分鐘的影片一播到底，而是不時暫停一起討論影片中的內容，或是反覆重看一些片段也不錯。除了看書

以外，看 YouTube 影片也是一種學習新知的方法，所以和孩子一起養成對某些事物好奇時就上 YouTube 搜尋來學習，也不失為一種很好的途徑。

　　率先對孩子介紹 AI 或是元宇宙的世界，和孩子一同學習並體驗這些新科技也是不錯的方法。與其對這些已經把數位內化進骨子裡的孩子教導如何在數位中生活，不如一起在數位科技中學習討論，這才是最有效率的學習法。

　　特別是當孩子如果不只是在 Roblox 或元宇宙中遊玩和消費，反而能夠晉身成為一個創作者去製作內容和商品來銷售的話，那他們就早已超越單純理解虛擬世界以及大人能夠再給予任何建議的層級了，我們對數位世界、創作者經濟和數位生態都不甚理解、也沒有多少實際的經驗，怎麼能夠隨口給孩子指導和鞭策呢？因此大人真的有必要一起去體驗和探索如何在我們眼前正在開展的數位世界和數位社會中生存下去。

　　大人和孩子要一起體驗數位生活、再分享彼此的想法和所學到的東西，多做溝通才行，在對話的過程中學到的會更多，也可以讀到孩子們的所思所想。在體驗數位科技的時候，我們最擔心的部分還是過度沈迷最後導致的無法自制，為了讓孩子能夠擺脫過度沈迷找到平衡，最重要的就是要讓他們能自由自在地進出數位世界，而為了教導孩子這樣的自制力，與其強制孩子一定要擺脫數位世界，不如和他們一起進入數位世界待一陣子再暫停一下，彼此看著雙方的眼睛對話幾句之後再重新返回數位世界，這樣反覆體會數位生活的經驗反而對孩子來說更加重要。

科技速學

創作的喜悅

孩子們會在經歷使用資通訊服務，也就是網際網路、電腦、智慧型手

機和平板的同時，自然接觸到 YouTube、遊戲、Facebook、Roblox 等服務，此時要注意的是盡量協助孩子不要過度沈迷在單一的遊戲當中，最重要的是，讓孩子各種服務都多多少少嘗試一下，如果太過沈浸在單一的服務中不僅很難保持均衡，也會喪失體驗其他服務的機會。此外也應多多鼓勵孩子在使用這些服務的同時，自然去理解這些服務的作用原理，在其中多和人們對話、寫作、拍片上傳、開發遊戲或數位物件等等，盡可能去嘗試累積具有創意且饒富生產力的經驗，不要只是追求娛樂和消費而已，應該更有主導性的去創作和生產某種東西，這樣一來才有辦法累積更多好的經驗，透過利用數位科技來進行更有創造力的活動，積攢更深的知識和對事物的理解。

AI 開發者也需要學習的倫理意識

正如法律學者或醫師、技師往往都會被要求擔負社會責任，所以有所謂的倫理綱領存在，這些工作的社會影響力愈高，伴隨著的就是更高的責任感。而同樣的，也有針對軟體工程師、電腦開發者要求遵守的倫理綱領存在，只是這個綱領還沒有達到社會輿論的水準，主要只落在團體或企業內部的指導原則層級而已，而倫理綱領的內容一般則是由公益、資訊安全、地球環境與個人資訊取得等相關內容所構成。特別是針對個資和資安相關的內容因為會招致嚴重的社會問題，所以各家企業都嚴格要求旗下的軟體開發者要遵守其倫理綱領。再更進一步來說，我家的孩子也在使用軟體的各項服務的過程中，對程式開發自然產生興趣，也開始使用 AI，此時也就同樣被要求要具備軟體開發、活用 AI 的相關倫理意識。

特別是和軟體開發的倫理綱領相比，關於 AI 相關倫理意識以及社會性

強制遵守義務的必要性議題也正在浮上檯面，而主因就是因為和一般軟體程式相較，AI 對我們社會所帶來的衝擊將更為劇烈所致。AI 人工智慧將被廣泛利用在銀行、住家、軍事保安設施等場所使用的生物認證或自動駕駛、商品或新聞推播上，以及保險產品推薦和貸款所需的審查和金融投資之中，甚至是醫療保健等各種產業領域。這類人工智慧的基礎都是為了根據人類的意圖做出指向式判斷而設置的演算法，如果根據這些演算法導出的推播內容或決定是不公正的，那結果自然會對我們的社會帶來負面影響，如果人們對人工智慧絲毫不起疑，一味相信它所做的決定或是推薦的資訊，那我們的社會就有可能被極端的偏見給控制住。

我們其實經常忍不住懷疑人類出手干預之下所做出的判斷或決定，正因為是人為而有可能會出錯，所以我們不會執著地相信一件事，反而會在深思熟慮之後才做判斷，這就是人之常情。然而當我們在面對自己信賴會做出公正公平的判斷且絕對客觀的 AI 時，心裡的那種疑慮卻被沖淡了，如果這樣的狀況反覆發生個兩三次且逐漸習以為常，那我們就會開始無意識的去接受 AI 所做的選擇。舉個例子來說，當我們機械化的不斷去看 AI 推薦、AI 覺得好的新聞和影片，那就會不知不覺相信這些被推薦的新聞就是全部了；而如果絲毫不懷疑 AI 認定且推薦給我們的最快導航路徑而跟著走，那就算看到眼前擺明就是死路的狀態，也沒辦法自己想到替代方案，只能流於機械化的相信 AI 導航的判斷。

正因為 AI 的影響力如此之高，所以開發 AI 時的倫理意識就比以往任何時候還要重要。AI 雖然真的和人類不同，會根據精確的數據資料做出判斷，但 AI 在獲得這種智慧的過程中，人類所提供的數據資料還是扮演著最關鍵的角色，換句話說，就是種瓜得瓜種豆得豆，根據人提供的資訊以及想如何提升 AI 功能的手段不同，AI 的判斷水準也自然會有所不同。如果開發者故意將貓「標記」（tagging，指的是貼上「標籤」做關鍵字處理的行為）

成狗，或是把狗標記為貓，再把這樣的標記資訊提供給 AI，抑或是在整理現場實際數千萬筆數據的過程中刻意排除特定領域的資訊，只摘選其中的百萬筆資料提供給 AI，那就有可能創造出判斷方向總是悖離實務現況的 AI。

　　也就是說，能決定提供什麼資訊數據給 AI 來提升 AI 程度的其實是人──或說是開發者的選擇，在這個過程中也有可能無法打造公正的 AI，反倒培養出偏頗狹隘的 AI 了。而另一方面也有被打造得很好的 AI 被惡意利用或誤用而引發社會問題，在使用「深偽技術」這項具有人工智慧的科技時，就能仿造特定的聲音和臉孔造假影片，在影片中呈現實際沒有發言過也沒有發生的行為，有心人就能惡意利用這項技術讓政治人物像真的說謊一樣造假錄音，也能用知名藝人的臉製作情色影片，這就和把 AI 用於犯罪沒兩樣。

　　此外也有一種狀況是原本要打造善意的人工智慧，而在沒有經過個人同意的情況下誆騙個資再用於提升人工智慧上。如果在誇口說要打造公平公正的貸款審核 AI，而在沒有經過個人同意的情況下擅自濫用歷史貸款相關的金融資訊，那麼無論最後是否真的能打造出公平公正的金融 AI，如此違背倫理的背景下所打造的 AI 也稱不上是名正言順，正如前述的聊天機器人（chatbot）Luda 和環繞其周邊的爭議就正好是這樣的例子。

　　在這個必須與人工智慧共存的社會中，有能力建立和使用 AI 的軟體開發人員都漸漸開始被要求具備和以往不同的道德意識，此外比起成年人，我們也更應該教導那些早已習慣數位世界並熟悉軟體開發和數位相關創作的孩子，培養他們負責任的倫理和道德。

活過的日子愈多，我們就愈容易被固有的觀念支配，但大人虛無的疑心和擔憂卻會蠶食孩子的創造力，並為他們爆發性的思考能力踩下煞車，我們真正擔心害怕的，其實是數位媒體所帶來的弊端和沈迷有可能會無法控制。然而仔細回想一下我們的童年時期，其實當時只是沒有數位媒體而已，我們也是一樣跑電玩店、看成人雜誌、打彈珠、聽音樂……總之沈浸在某種事物當中，也曾經讓父母擔心不已，現在只是娛樂的手段被換成數位而已。此外對數位的成癮性所懷抱的莫名擔心，也只是我們看著過度沈迷在數位之中的孩子時，心中的保護本能自然被喚起，因此更加一心一意想把它除掉或是阻止孩子投身其中。但如果大人能夠和孩子一起進到數位的世界裡討論和學習體驗，那麼就能打開全新的數位活用之路。與其因為我們不懂而瞎操心，深信孩子非常明白且能做得好的信賴感，反而能打開新的可能性，在發展得愈來愈進步的數位時代中，孩子們無論是運用數位科技在學習或是工作上，都將是能把人生走得更好的機會。

2030科技趨勢全解讀

作者	金知賢
譯者	陳柏蓁、黃子玲
商周集團執行長	郭奕伶
視覺顧問	陳栩椿
商業周刊出版部	
責任編輯	林雲
封面設計	Bert
內頁排版	邱介惠
校對	呂佳真
出版發行	城邦文化事業股份有限公司-商業周刊
地址	104台北市中山區民生東路二段141號4樓
	電話：(02)2505-6789　傳真：(02)2503-6399
讀者服務專線	(02)2510-8888
商周集團網站服務信箱	mailbox@bwnet.com.tw
劃撥帳號	50003033
戶名	英屬蓋曼群島商家庭傳媒股份有限公司城邦分公司
網站	www.businessweekly.com.tw
香港發行所	城邦(香港)出版集團有限公司
	香港灣仔駱克道193號東超商業中心1樓
	電話：(852) 25086231傳真：(852) 25789337
	E-mail：hkcite@biznetvigator.com
製版印刷	中原造像股份有限公司
總經銷	聯合發行股份有限公司　電話：(02) 2917-8022
初版 1 刷	2022年 4 月
初版 5 刷	2023年10月
定價	380元
ISBN	978-626-7099-36-0（平裝）
EISBN	9786267099414（EPUB）／9786267099407（PDF）

IT 사용설명서
IT essential handbook
Copyright © 2021 by 김지현 KIM Jeehyun , 金知賢
All rights reserved.
Complex Chinese Copyright © 2022 by Business Weekly Group, a division of Cite Publishing Ltd.
Complex Chinese translation Copyright is arranged with CRETA
through Eric Yang Agency

國家圖書館出版品預行編目資料

2030 科技趨勢全解讀 / 金知賢 (김지현) 著 ; 陳柏蓁, 黃子玲譯 . --
初版 . -- 臺北市 : 城邦文化事業股份有限公司商業周刊, 2022.04
240面 ; 17×22公分
譯自 : IT 사용설명서
ISBN 978-626-7099-36-0(平裝)

1.CST: 生活科技　2.CST: 資訊社會

541.415　　　　　　　　　　　　　111003968

藍學堂

學習・奇趣・輕鬆讀